Wolfgang Krüger

120 Lese- und Schreibübungen

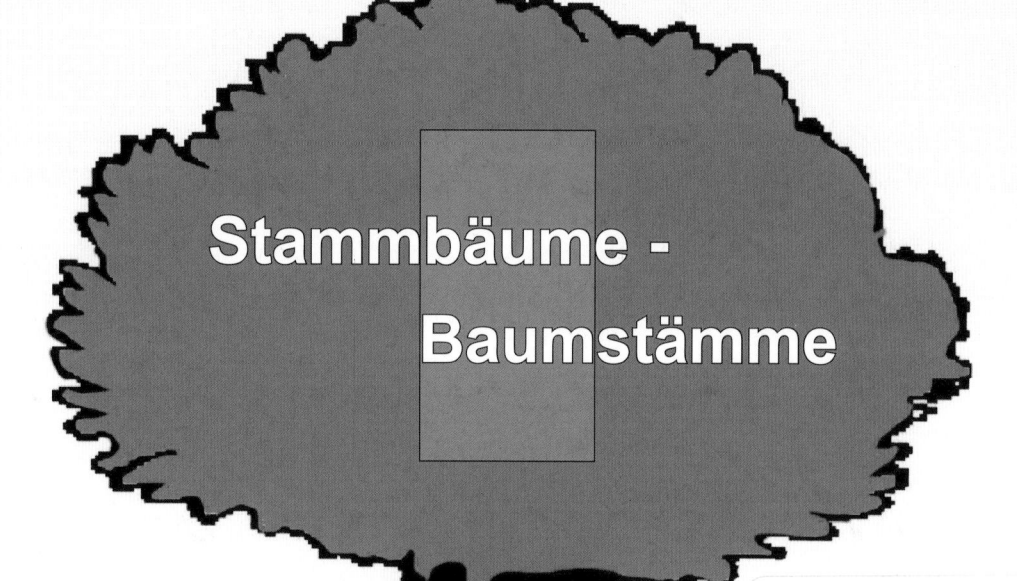

Stammbäume - Baumstämme

3.-5. Schuljahr

mit Wortfamilien

- Förderung der Rechtschreib-Entwicklung
- Auch zur gezielten Einzelförderung geeignet

KOHL VERLAG
Lernen mit Erfolg
Der Verlag mit dem Baum
www.kohlverlag.de

Möchten Sie mehr vom Kohl-Verlag kennen lernen? Dann nutzen Sie doch einfach unsere komfortable und informative Homepage! Dort erwarten Sie wertvolle Informationen rund um unser gesamtes Sortiment sowie aussagekräftige Leseproben zu jedem lieferbaren Produkt!

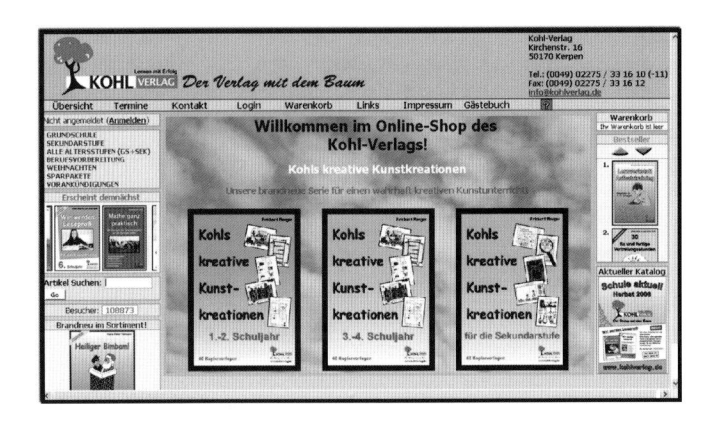

www.kohlverlag.de

120 Lese- und Schreibübungen
mit Wortfamilien

1. Auflage 2007

© Kohl-Verlag, Kerpen 2007
Alle Rechte vorbehalten.

Inhalt: Wolfgang Krüger
Satz: Kohl-Verlag
Druck: farbo Druck, Köln

Bestell-Nr. 10 748

ISBN: 3-86632-748-X

Inhalt

	Seite		Seite
arg	9	rausch	69
back	10	reis	70
bad	11	reiß	71
bahn	12	riss	72
band	13	ruh	73
bau	14	samm	74
baum	15	satz	75
berg	16	schad	76
biet	17	schaff	77
biss	18	schatz	78
blick	19	schieb	79
dacht	20	schied	80
dien	21	schlag	81
dreh	22	schließ	82
droh	23	schloss	83
druck	24	schnitt	84
end	25	schreib	85
erd	26	schutz	86
fahr	27	schwind	87
fall	28	seh	88
fass	29	selb	89
fehl	30	setz	90
fett	31	sieg	91
fluss	32	sinn	92
folg	33	sitz	93
fuß	34	sorg	94
führ	35	spann	95
füll	36	spiel	96
glück	37	spitz	97
grab	38	stamm	98
groß	39	stand	99
grund	40	statt	100
haus	41	staub	101
herr	42	steck	102
klapp	43	steh	103
kleb	44	steig	104
komm	45	stell	105
kratz	46	stieg	106
kund	47	stimm	107
lad	48	stoß	108
land	49	streck	109
lang	50	stück	110
lass	51	süß	111
lauf	52	tausch	112
laut	53	tief	113
leb	54	tier	114
leih	55	trag	115
les	56	traum	116
lieb	57	treff	117
los	58	trieb	118
mahl	59	viel	119
maß	60	vier	120
miet	61	wahl	121
mitt	62	weis	122
nah	63	weiß	123
nahr	64	wiss	124
nutz	65	wohn	125
pack	66	zeig	126
pass	67	zieh	127
raum	68	ziel	128

Hinweise zum Übungsmaterial

Es fördert die Rechtschreib-Entwicklung von Kindern, wenn sie frühzeitig unterstützt werden, die Prinzipien der Rechtschreibung zu durchschauen. Sonst behalten sie unnötig lange die Vorstellung von Anfängern, dass man vor allem genau hinhören, deutlich sprechen und sich die Wörter einzeln merken müsse. Zwar ist das nicht grundsätzlich falsch, aber es reicht keineswegs aus: Denn neben dem Bezug auf die Lautung ist das Stammprinzip entscheidend für die deutsche Rechtschreibung, und die meisten Regelungen betreffen wiederum den Wortstamm (siehe die Erläuterungen zum Stammprinzip am Ende dieser Einführung).

Die vorliegende Materialsammlung dient dazu, Einsichten in das System der Schriftsprache zu fördern. Die Übungen sind so angelegt,
   • dass eine kleine, überschaubare Aufgabe selbstständig gelöst werden kann,
   • dass ein aufmerksames Lesen gefordert ist und
   • dass Wörter logisch nach Bau-Elementen zu gliedern sind.
Um es nicht zu schwer zu machen, werden die Lückenwörter in der Form angeboten, wie sie in den Text passen, also nicht immer in der Grundform.

Gefördert werden dabei die Einsichten
   • dass Wörter aus verschiedenen Bausteinen bestehen,
   • dass der Wortstamm entscheidend ist, weil er die wesentliche Bedeutung enthält,
   • dass die Schreibung des Wortstamms so weit wie möglich beibehalten wird,
   • dass die meisten „Besonderheiten" der Schriftsprache im Wortstamm vorkommen.

Für die Texte wurden nur Wortfamilien ausgewählt, bei denen eine „lautnahe" Verschriftung nicht immer möglich ist, wo sich also die Leistung des Stammprinzips am deutlichsten zeigt. Die Übungen enthalten folgende Schreibmerkmale:
   • ableitbare Schreibungen mit: ä, äu - b, d, g - ß, ss
   • Schreibung mit Doppelkonsonanten bzw. „ck" und „tz"
   • Wörter mit einem „stummen h" oder einem trennenden „h"
   • Wörter mit „ie"
Bewusst wurden mehrere Stämme ausgewählt, in denen zwei dieser Merkmale vorkommen. Siehe dazu auch die Übersicht 2, in der die Wortstämme nach Merkmalen geordnet sind.

Übungsvorschläge

Folgende Vorgehensweise hat sich gut bewährt:

• Täglich eine dieser Übungen durchführen.
   1. Den Text der jeweils letzten Übung nochmal vorlesen.
   2. Mit Leuchtmarker oder Buntstift nur den Stamm der Wörter oben im Baum markieren (siehe rechts).
   3. Diese Einzelwörter still oder laut lesen.
   4. Mit Bleistift die passenden Wörter in den Lückentext eintragen.
   5. Die übrigen Wörter in die Felder unten eintragen, dabei den Wortstamm eindeutig abgrenzen.
   6. Den ausgefüllten Text vorlesen.

• Abheften in einer Sammelmappe.

Die Bearbeitungsdauer dürfte hauptsächlich vom Lesevermögen abhängen: Gute Leser brauchen vielleicht nur drei bis vier Minuten. Jedoch sind diese Aufgaben gerade auch für schwächere Leser gedacht. Denn Kinder, die ab Ende des 2. Schuljahres solche Texte nicht mühelos lesen können, haben Übung nötig. Und jene, die zu einem „ratenden Lesen" neigen, müssen hier langsamer und genauer lesen.

Die besten Lerneffekte sind zu erwarten, wenn die Übungen möglichst gleichmäßig gestreut werden, etwa so, dass an fünf oder sechs Tagen der Woche jeweils eine Aufgabe bearbeitet wird. Auch ein wiederholtes Vorlesen bereits gelöster Aufgaben ist zu empfehlen: So hat es sich bewährt, vor der Arbeit mit einer neuen Aufgabe den jeweils letzten Text nochmal vorzulesen.

Am Anfang widerstrebt es manchen Kindern, den Wortstamm von anderen Wortteilen zu trennen, sie gliedern nach Sprechsilben. Das liegt einfach daran, dass ihnen eine andere Strukturierung von Wörtern noch sehr fremd ist. Also erfolgt die Abgrenzung des Wortstamms zunächst eher schematisch, aber im Verlauf der Übungen entwickelt sich ein Verständnis für die Leistung des Wortstamms.

Eltern oder andere Betreuer sollten darauf achten, ob das Kind die Wörter kennt und versteht. Und selbstverständlich sollten Kinder immer fragen, wenn sie Wörter nicht verstehen. Diese erklärt man dann am besten dadurch, dass man sie in einem Beispielsatz verwendet.

Wenn Kinder unterfordert zu sein scheinen, kann man die Schwierigkeit deutlich steigern: Man schlägt das obere Drittel des Arbeitsblattes nach hinten um, und die Aufgabe lautet dann, sich die Wörter oben zunächst einzuprägen und anschließend die Textlücken zu füllen, ohne nochmal nachzusehen. Auch für die drei Einzelwörter der zweiten Aufgabe kann man fordern, dass sie nicht abgeschrieben werden, sondern *nachgeschrieben*: also Wort ansehen, Blatt umdrehen und aufschreiben; wenn die Wörter eingetragen sind, Blatt wieder auffalten und Wörter mit den eigenen Schreibungen vergleichen.

Mit dem Material kann natürlich auch in ganz anderer Weise gearbeitet werden, in der Schule etwa im Rahmen von Freiarbeit bzw. Wochenplanarbeit. Ferner kann es als Anregung und Beispiel für eigene Sammel- und Ordnungsaufgaben dienen.

Erläuterungen zum Stammprinzip in der deutschen Rechtschreibung

<u>Hinweis</u>: Schreibungen zwischen Schrägstrichen – z.B. /zuk/ – kennzeichnen immer die Aussprache des Wortes!

Die Schreibung im Deutschen richtet sich nach mehreren Prinzipien, von denen jedoch nur zwei eine große Reichweite haben, nämlich das Lautprinzip und das Stammprinzip.

Das Lautprinzip bedeutet, dass bestimmte Laute durch bestimmte Buchstaben bzw. Buchstabenkombinationen wiedergegeben werden.

Fast alle Anfänger lernen erstaunlich schnell, die Wörter nach diesem Prinzip zu verschriften. Das heißt, ihre Wörter sind „lautnah" so vollständig geschrieben, dass man sie sprechen und verstehen kann. Eine wirkliche Hürde sind für viele die Besonderheiten der Schriftsprache, für die man eben weitergehende Kenntnisse und Fertigkeiten benötigt. Es ist geradezu typisch für schwache Rechtschreiber, dass sie sich zu sehr auf das Lautprinzip verlassen (siehe dazu etwa die Handbücher zur *Hamburger Schreibprobe* und zum *Salzburger Lese- und Rechtschreibtest*). Je nach Art des Unterrichts und des Lernmaterials wird es Kindern auch noch unnötig erschwert, weiterführende Strategien zu entwickeln.

Worin das Stammprinzip besteht, lässt sich gut an der sogenannten „Auslautverhärtung" zeigen. Der Begriff verweist auf die Eigenart des Deutschen, dass im *Silbenauslaut* nie weiche Konsonanten gesprochen werden: So wird etwa /loben/ zu /lop/, /baden/ zu /bat/, /schlagen/ zu /schlak/, und /lose/ zu /loß/.

Diese Lautveränderung wird im System der Schriftsprache *nicht* abgebildet: Wenn es eine Wortform mit einem weichen Konsonanten gibt, etwa „Wege", dann wird der Wortstamm überall mit <g> geschrieben, unabhängig von der Aussprache, also etwa: wegfahren, weggehen, unterwegs, keineswegs, bewegen, beweglich, Heimweg, Umwege usw..

In dem Satz „Sie liefen weg" wird das letzte Wort entweder /weck/ gesprochen (wie „Zweck") oder /wech/ (wie „frech") – aber niemals mit einem langen „e" (wie in „der Weg"). An der Lautung kann man also nicht erkennen, dass die Aussage „Sie liefen weg" etwas mit dem „Weg" zu tun hat, auf dem sie sich dabei befanden. In den *geschriebenen* Wörtern ist dieser Zusammenhang jedoch klar zu sehen.

In der Wortform „Beispiel" wird das /i/ keineswegs lang gesprochen, es ist ja unbetont. Dennoch wird die Schreibung mit <ie> hier beibehalten, da sich diese Markierung auf den Wortstamm „Spiel" bezieht. Ähnlich wird in der Wortform „Unfall" das /a/ nicht kurz gesprochen, auch dieses ist unbetont. Aber die Schreibung mit Doppelkonsonant wird durchgehalten, weil die Kennzeichnung eben den Wortstamm „Fall" betrifft.

Das Stammprinzip bedeutet also, dass immer ein *Schreib-Schema* gebildet wird, welches für alle Wörter gilt, die dieses Element enthalten – unabhängig von der jeweiligen Aussprache. Die meisten schriftsprachlichen „Besonderheiten" kommen an einer bestimmten Stelle vor: *im Wortstamm hinter dem Vokal*. Hier steht die Markierung, ob der Vokal lang oder kurz gesprochen wird, und hier erfolgt im gesprochenen Wort die Auslautverhärtung, welche in der Schreibung nicht abgebildet wird.

Besonderheiten — meist im Wortstamm

nicht lauttreue Schreibungen mit <ä> <äu> <b> <d> <g> - **ableitbar** -	BE / GE / ER / VER / BE	HÄLT / RÄUM / LEB / HAND / SORG	ER / IG / NIS / LUNG / T
Schreibungen mit <ß> <ss> - **ableitbar** -	AUS / GE	SCHLIEẞ / WISS	LICH / HEIT
Schreibungen mit K ü r z e - Zeichen - **regelhaft** -	AUF / ER / UN / AB	KLAPP / MITT / GLÜCK / SETZ	BAR / LUNG / LICH / EN
Schreibungen mit L ä n g e - Zeichen	ZU / GE / UM	FRIED / LEER / KEHR	EN / T / EN

Wortstämme

- **arg**
- **back**
- bad
- bahn
- band
- bau
- baum
- berg
- biet
- biss
- blick
- **dacht**
- dien
- dreh
- droh
- druck
- **end**
- erd
- **fahr**
- fall
- fass
- fehl
- fett
- fluss
- folg
- fuß
- führ
- füll
- **glück**
- grab
- groß
- grund
- haus
- **herr**
- **klapp**
- kleb
- komm
- kratz
- kund
- **lad**
- land
- lang
- lass
- lauf
- laut
- leb
- leih
- les
- lieb
- los
- **mahl**
- maß
- miet
- mitt
- **nah**
- nahr
- nutz
- **pack**
- pass
- **raum**
- rausch
- reis
- reiß
- riss
- ruh
- **samm**
- satz
- schad
- schaff
- schatz
- schieb
- schied
- schlag
- schließ
- schloss
- schnitt
- schreib
- schutz
- schwind
- seh
- selb
- setz
- sieg
- sinn
- sitz
- sorg
- spann
- spiel
- spitz
- stamm
- stand
- statt
- staub
- steck
- steh
- steig
- stell
- stieg
- stimm
- stoß
- streck
- stück
- süß
- **tausch**
- tief
- tier
- trag
- traum
- treff
- trieb
- **viel**
- vier
- **wahl**
- weis
- weiß
- wiss
- wohn
- **zeig**
- zieh
- ziel

Wortstämme: Schreibmerkmale

Mehrere Wortstämme enthalten zwei der Merkmale!

ABLEITUNG

**kurzes / ä /
nur ableitbar**
arg
back
band
dacht
fall
fass
klapp
land
lang
lass
pack
pass
satz
schatz
stamm
stand
statt

**langes / ä /
hörbar u. ableitbar**
bad
fahr
grab
lad
maß
nah
nahr
schad
schlag
trag
wahl

< äu >
bau
baum
haus
lauf
laut
raum
rausch
staub
tausch
traum

< b >
grab
kleb
leb
lieb
schieb
schreib
selb
staub
trieb

< d >
bad
band
end
erd
grund
kund
land
schad
schied
schwind
stand

< g >
arg
berg
folg
lang
schlag
sieg
sorg
steig
stieg
trag
zeig

S-LAUTE

normales < s >
haus
les
los
reis
weis

< ß >
fuß
groß
maß
reiß
schließ
stoß
süß
weiß

**MARKIERUNG
F. KURZVOKAL**

< ss >
biss
fass
fluss
lass
pass
riss
schloss
wiss

Doppelkonsonant
fall
fett
füll
herr
klapp
komm
mitt
schaff
schnitt
sinn
spann
stamm
statt
stell
stimm
treff

< ck >
back
blick
druck
glück
pack
steck
streck
stück

< tz >
kratz
nutz
satz
schatz
schutz
setz
sitz
spitz

**MARKIERUNG
F. LANGVOKAL**

< ie >
biet
dien
lieb
miet
schieb
schied
schließ
sieg
spiel
stieg
tief
tier
trieb
viel
vier
zieh
ziel

„stummes" < h >
bahn
fahr
fehl
führ
mahl
nahr
wahl
wohn

trennendes < h >
dreh
droh
leih
nah
ruh
seh
steh
zieh

1 - ARG -

arg
Ärger
ärgerlich
verärgert
ärgerte
arge

[arg = schlimm]

A *Schreibe die passenden Wortformen in den Text!*

„So ein blöder Tag", dachte Simon. Es hatte damit begonnen, dass er am Morgen _____ Zahnschmerzen bekam. Sie wurden immer schlimmer und so musste er am Nachmittag zum Zahnarzt. Nach der Behandlung ging es Simon schon etwas besser. Aber nun _____ er sich darüber, dass er nicht zum Spielen rausgehen konnte. Er musste nämlich noch viele Hausaufgaben erledigen. Aus lauter _____ versetzte er seiner Schultasche einen Tritt.

B *Trage hier noch die übrigen Wörter ein: den **Wortstamm** in die Mitte!*

Seite 9

2 - BACK -

- Backofen
- gebacken
- Gebäck
- Backform
- Nussgebäck
- Bäckerei

A *Schreibe die passenden Wortformen in den Text!*

Wenn es noch tiefe Nacht ist, beginnt die Arbeit in der
_____. Zuerst werden die Zutaten in große
Schüsseln gefüllt und vermischt. Dann muss der Teig
länger gerührt oder geknetet werden. Inzwischen wird der
riesige _____ vorgeheizt. Schließlich können
die Bleche mit Broten oder anderem Gebäck hineingeschoben
werden. Bei einigen Brotsorten kann es zwei Stunden
dauern, bis sie fertig _____ sind. Für
Brötchen jedoch genügen schon wenige Minuten.

B *Trage hier noch die übrigen Wörter ein: den **Wortstamm** in die Mitte!*

3 - BAD -

Badekappe
Freibäder
Badezimmer
baden
Schwimmbad
Badetuch

A *Schreibe die passenden Wortformen in den Text!*

Endlich war es so weit: In der Zeitung stand, dass nun die _____ wieder geöffnet sind. Mehrere aus der Klasse wollen sich am Nachmittag vor dem Eingang zum Südbad treffen. Alle sind auch pünktlich dort. Aber was ist das? Tobias wird erstmal nicht hereingelassen, weil er keine _____ dabei hat. Zum Glück kann er sich dann eine leihen. Das Wasser ist zwar noch ziemlich kalt, aber es macht allen einen Riesenspaß, dass sie wieder draußen _____ können.

B *Trage hier noch die übrigen Wörter ein: den **Wortstamm** in die Mitte!*

Seite 11

4 - BAHN -

Bahnhof
Flugbahn
Landebahn
Bahnstrecken
Bahngleis
Eisenbahn

A *Schreibe die passenden Wortformen in den Text!*

Schon im vorletzten Jahrhundert sind viele der _____ gebaut worden, die heute noch bestehen. Damals fuhren auf den schlechten Straßen nur Pferdewagen. Mit der _____ war das Reisen also viel schneller und angenehmer. Bald wollte fast jede Stadt einen Bahnanschluss bekommen. Wie stolz man darauf war, ließ sich an den Gebäuden erkennen. Denn mancher _____ sah beinahe wie ein Palast oder eine Kirche aus.

B *Trage hier noch die übrigen Wörter ein: den **Wortstamm** in die Mitte!*

5 - BAND -

Bande
bändigen
unbändig
Halsband
sie band
Verband

A *Schreibe die passenden Wortformen in den Text!*

Janik und Andrea freuen sich, dass sie den Hund der Nachbarn ausführen durften. Wulle sah nett aus mit dem weißen Fell und seinem roten _____. Sie gingen den Weg durch die Kleingärten, Wulle immer voran. Einmal zerrte er so heftig an der Leine, dass Andrea ihn kaum noch _____ konnte. Schließlich gab sie nach und _____ Wulle los. Sie folgten ihm und erkannten den Grund für seine Aufregung. Es war ein Igel, der sich natürlich inzwischen zusammengerollt hatte.

B *Trage hier noch die übrigen Wörter ein: den **Wortstamm** in die Mitte!*

6 - BAU -

gebaut
Bäuerin
Baustelle
Gebäude
Bauarbeiter
umbauen

A *Schreibe die passenden Wortformen in den Text!*

Seit vielen Wochen ist in der Mitte der Stadt eine gewaltige _____. Hinter einem hohen Zaun ragen riesige Kräne in den Himmel. Noch ist nicht zu erkennen, was da entstehen soll. Aber auf einem großen Schild kann man es lesen: Hier wird ein Haus mit 18 Stockwerken _____. Geschäfte, Büros und Wohnungen werden darin sein. Bis dahin werden noch viele Monate vergehen. Doch dann wird dieses Haus höher sein als alle anderen _____ in der Stadt.

B *Trage hier noch die übrigen Wörter ein: den **Wortstamm** in die Mitte!*

Seite 14

7 - BAUM -

- Baumstamm
- Stammbaum
- Laubbäume
- Baumkrone
- Bäumen
- Nadelbaum

A *Schreibe die passenden Wortformen in den Text!*

Bäume können sehr alt werden – viel älter als Menschen oder Tiere. Meistens sind es _____, die uralt werden. Sogar wenn der _____ schon Löcher und Risse hat, kann eine Eiche noch viele Jahrzehnte stehen. Ihr hartes Holz hat man gerne zum Haus- und Schiffbau verwendet. Man weiß, dass Mammutbäume weit über 1000 Jahre alt werden können. Aber nur bei gefällten _____ kann man das genaue Alter feststellen, nämlich an der Zahl der Jahresringe.

B *Trage hier noch die übrigen Wörter ein: den **Wortstamm** in die Mitte!*

Seite 15

8 - BERG -

Eisberg
Berge
Bergsteiger
Weinberg
bergauf
Bergbahn

A *Schreibe die passenden Wortformen in den Text!*

Es ist wirklich kinderleicht geworden, auf hohe _____ zu gelangen. Man muss dazu nicht sportlich sein und braucht sich kaum zu bewegen: Man besteigt einfach die Gondel einer _____ und gelangt in wenigen Minuten weit in die Höhe. Weil es so einfach scheint, werden manche leichtsinnig. Sie meinen, sie könnten nun da oben herumklettern wie ein _____. Aber dazu braucht man unbedingt Erfahrung und auch eine richtige Ausrüstung.

B *Trage hier noch die übrigen Wörter ein: den **Wortstamm** in die Mitte!*

9 - BIET -

verbieten
Anbieter
Wohngebiet
Darbietung
überbieten
bieten

A *Schreibe die passenden Wortformen in den Text!*

Auf einem früheren Fabrikgelände ist in den letzten Jahren ein kleines _____ entstanden. Inzwischen sind auch die Gärten fertig und die Bewohner _____ sich schon, wer die prächtigsten Blumen vor dem Haus hat. Man sieht viele Kinder spielen oder Fahrrad fahren. Auf dem letzten freien Grundstück entsteht jetzt noch ein Wohnhaus. Die Kinder finden es spannend, den Bauarbeiten zuzusehen. Aber Schilder _____ ihnen das Betreten der Baustelle.

B *Trage hier noch die übrigen Wörter ein: den **Wortstamm** in die Mitte!*

10 - BISS -

Bissen
bissig
Gebiss
abgebissen
Bisswunde
ein bisschen

A *Schreibe die passenden Wortformen in den Text!*

Viele leckere Sachen stehen auf dem Tisch, denn heute wird Sebastians Geburtstag gefeiert. Er konnte es nicht abwarten und hat schon von einer Nussecke ein wenig _____. Bald sind die Gäste da und es kann losgehen. Besonders gut schmeckt allen der Apfelkuchen. Schließlich bringt seine Mutter noch eine Schale Erdbeerquark herein und fragt: „Na, wer möchte denn ein _____?" Lena stöhnt auf: „Ich kriege keinen _____ mehr runter!"

B *Trage hier noch die übrigen Wörter ein: den **Wortstamm** in die Mitte!*

11 - BLICK -

erblicken
Einblick
Augenblick
Blickrichtung
überblicken
Anblick

A *Schreibe die passenden Wortformen in den Text!*

Es war schwül und dunkle Wolken zogen heran, der Wind wurde heftig: Jeden _____ musste das Gewitter losgehen. Larissa und Sina standen schon eine Weile am Dachfenster, von wo man die ganze Stadt _____ konnte. Jetzt war es so weit: Blitz auf Blitz zuckte über den Himmel und das Grollen des Donners kam immer näher. Dann prasselte auch der Regen. „Ein schöner _____", sagte Larissa. „Ja, wenn man in Sicherheit ist", meinte Sina.

B *Trage hier noch die übrigen Wörter ein: den **Wortstamm** in die Mitte!*

12 - DACHT -

andächtig
Gedächtnis
verdächtige
ausgedacht
Verdacht
wir dachten

A Schreibe die passenden Wortformen in den Text!

Benni, Luisa und Thomas haben gestern lange zusammengesessen. Sie haben sich nämlich eine Spukgeschichte _____ und sie aufgeschrieben. Der Text ist vier Seiten lang geworden. Darin geht es um ein einsames, verfallenes Haus, in dem man nachts _____ Geräusche hört. Jetzt steht Benni ziemlich aufgeregt vor der Klasse. Denn er ist dabei, die Geschichte vorzulesen. Die anderen Kinder hören ihm ganz _____ zu. Als er fertig ist, klatschen sie begeistert.

B Trage hier noch die übrigen Wörter ein: den **Wortstamm** in die Mitte!

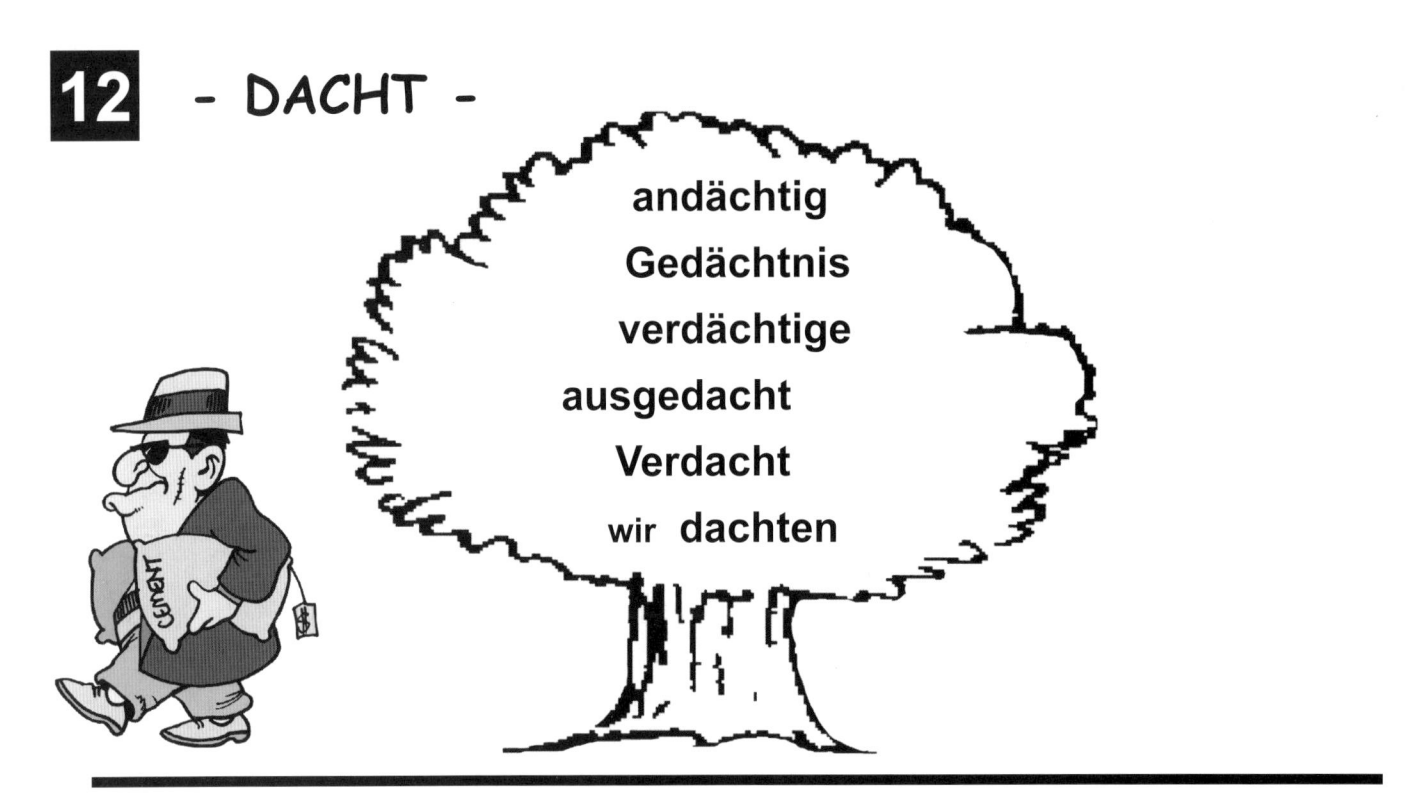

13 - DIEN -

Diener
bedient
Dienst
Bedienung
dienstbereit
verdienen

A *Schreibe die passenden Wortformen in den Text!*

Viele Menschen arbeiten gerade dann, wenn die meisten anderen frei haben. In Krankenhäusern, Polizeistationen oder Kraftwerken sind auch nachts und an den Wochenenden immer einige im _____. In manchen Gaststätten ist tagsüber wenig los, aber abends wollen viele Gäste _____ werden. Und danach möchten sie vielleicht mit einem Taxi nach Hause gebracht werden. Wer nachts Medizin braucht, ist froh, dass immer eine Apotheke _____ ist.

B *Trage hier noch die übrigen Wörter ein: den **Wortstamm** in die Mitte!*

14 - DREH -

Drehstuhl
drehen
verdreht
Umdrehungen
aufdrehen
Drehzahl

A *Schreibe die passenden Wortformen in den Text!*

In der Woche bastelt Lukas ab und zu an seinem ferngesteuerten Auto herum. Am Samstagmorgen aber trifft er sich gerne mit anderen auf dem Parkplatz vor der Sporthalle. Hier ist genug Platz und es stört niemanden, dass die Autos ihre Runden _____. Wenn die Kinder die Motoren richtig_____, wird es laut. Denn mancher kleiner Motor läuft mit mehr als 10000_____ in der Minute. Das ist viel schneller als bei dem Motor eines Personenwagens.

B *Trage hier noch die übrigen Wörter ein: den **Wortstamm** in die Mitte!*

15 - DROH -

Drohung
bedroht
bedrohliche
androhen
Bedrohung
drohen

A *Schreibe die passenden Wortformen in den Text!*

An Märchen aus alter Zeit können wir es noch erkennen: Man sah in den Wölfen _____ Tiere. In Wirklichkeit sind Wölfe äußerst scheu und sie würden einen Menschen nur in höchster Not angreifen. Aber für Schafe und andere Tiere sind sie natürlich immer eine ernste _____. Darum wurden sie stets gejagt und schließlich ausgerottet. Die inzwischen eingewanderten Wölfe stehen unter Schutz und sind von den Menschen nicht mehr _____.

B *Trage hier noch die übrigen Wörter ein: den **Wortstamm** in die Mitte!*

16 - DRUCK -

- Ausdruck
- bedrückt
- Druckknopf
- unterdrücken
- Drucker
- Eindruck

A *Schreibe die passenden Wortformen in den Text!*

Frau Selter hatte den _____, dass mit ihrem Sohn etwas nicht stimmte. „Was war denn in der Schule? Du siehst so _____ aus." Tim wollte erst nichts sagen, fing dann aber doch zu erzählen an: Er hatte gleich zwei Klassenarbeiten mit einer „5" zurückbekommen. Er holte die Hefte raus und zeigte sie ihr. Jetzt konnte er auch die Tränen nicht länger _____. Als er eine Weile geweint hatte, fühlte er sich schon etwas besser.

B *Trage hier noch die übrigen Wörter ein: den **Wortstamm** in die Mitte!*

Seite 24

17 - END -

endlich
vollenden
zu Ende
Endspiel
verenden
endgültig

A *Schreibe die passenden Wortformen in den Text!*

Die letzten Wochen waren anstrengend. Doch nun waren alle Klassenarbeiten geschrieben und das Schuljahr ging _____. Die Kinder sprachen nun viel davon, was sie in den Ferien machen würden. Matthias nahm sich fest vor, den Bau seiner Eisenbahn-Anlage zu _____. Er freute sich auch, dass sein Vetter eine Woche zu Besuch kommen würde. Dann war _____ der letzte Schultag: Die Zeugnisse wurden ausgegeben und die Ferien begannen.

B *Trage hier noch die übrigen Wörter ein: den **Wortstamm** in die Mitte!*

18 - ERD -

Erdstoß
Beerdigung
Erdbeben
Erde
Blumenerde
Erdbeere

A *Schreibe die passenden Wortformen in den Text!*

Regelmäßig erfahren wir in den Nachrichten von _____ in anderen Ländern. Kann es die auch mal in Deutschland geben? Ja, auch bei uns bebt ab und zu die _____, vor allem in der Nähe des Rheins. Meistens passiert dabei aber nicht viel: Zum Beispiel schaukeln in einem Haus die Deckenlampen oder in einem anderen kippt ein Regal um – nicht viel mehr. Nur ganz selten gibt es einen so heftigen _____, dass zu größeren Schäden kommt, etwa Risse in Hauswänden.

B *Trage hier noch die übrigen Wörter ein: den **Wortstamm** in die Mitte!*

19 - FAHR -

gefährlich
Erfahrungen
gefahren
Fahrzeug
überfahren
Gefahr

A *Schreibe die passenden Wortformen in den Text!*

Wir reisen heute oft zu unserem Vergnügen. In früheren Zeiten war das anders: Da konnte das Reisen ziemlich _____ werden. Es gab nämlich nur wenige richtige Straßen und kaum Wegekarten. Mit den Pferdewagen oder Kutschen kam man nur langsam voran. Unterwegs gab es immer wieder Pannen und manchmal sogar Raubüberfälle: Wer also _____ ist, konnte leicht in *Gefahr* geraten. Die Reisenden haben unterwegs einige _____ gemacht.

B *Trage hier noch die übrigen Wörter ein: den **Wortstamm** in die Mitte!*

Seite 27

20 - FALL -

er fällt
Einfall
auffällig
herunterfallen
Vorfall
Gefälle

A Schreibe die passenden Wortformen in den Text!

Niklas hat den _____, eine Hütte zu bauen. Er geht hinters Haus, wo sein Blick gleich auf einen Baum _____: In den Zweigen hängt ein Blatt Papier. Niklas nimmt es ab und sieht, dass es beschrieben ist. Daran hängen ein Faden und der Rest eines Luftballons. Die Botschaft ist in Englisch und stammt von einem Mädchen aus Belgien. „Da schreibe ich eine Antwort", sagt sich Niklas. Aufgeregt läuft er ins Haus zurück und erzählt den _____ erstmal seiner Mutter.

B Trage hier noch die übrigen Wörter ein: den **Wortstamm** in die Mitte!

21 - FASS -

anfassen
Verfasser
Fassung
Weinfass
Fässer
sich befassen

A *Schreibe die passenden Wortformen in den Text!*

Als Kai die Schreibtischlampe nochmal einschaltete, gab es einen Blitz und einen Knall, dann war die Glühbirne durchgebrannt. Er wollte sie gleich herausschrauben, doch sie war noch so heiß, dass er sie nicht_____ konnte. Also holte er erstmal eine Ersatzbirne aus dem Schrank. Die alte Birne bekam er nicht gleich heraus, weil sie sehr fest in der_____saß. Schließlich gelang es ihm doch, er hatte wieder Licht und konnte sich weiter mit seinen Sammelbildern_____.

B *Trage hier noch die übrigen Wörter ein: den **Wortstamm** in die Mitte!*

22 - FEHL -

fehlen
fehlerlos
verfehlt
Tippfehler
Fehler
Fehlwurf

A *Schreibe die passenden Wortformen in den Text!*

An seinem Geburtstag ging Niko mit den Freunden zum Kegeln. Nach seinem siebten _____ wollte er fast schon aufgeben. Aber die anderen waren ja auch Anfänger und machten noch viele _____. Also zeigte sein Vater allen nochmal genau, worauf sie achten mussten. Danach klappte es bei ihnen immer besser und sie hatten richtig Spaß dabei. Als zum Schluss die Punkte zusammengezählt wurden, hatte Niko den 1. Platz sogar nur um 4 Punkte _____.

B *Trage hier noch die übrigen Wörter ein: den **Wortstamm** in die Mitte!*

23 - FETT -

fettig
einfetten
Pflanzenfetten
Fett
Fettfleck
fetthaltig

A *Schreibe die passenden Wortformen in den Text!*

Ohne Fett könnten wir nicht leben, aber es darf auch nicht zu viel sein. Den Nahrungsmitteln kann man nicht ansehen, wie viel _____ darin ist. Außer in Fleisch und Eiern ist Fett in den meisten Erzeugnissen aus Milch enthalten, etwa in Sahne, in Butter und in Käse. Sehr _____ sind auch Nüsse, Sonnenblumenkerne und Oliven. Fett zum Braten wird häufig aus Raps oder Kokosnüssen hergestellt, Margarine meist aus einer Mischung von verschiedenen _____.

B *Trage hier noch die übrigen Wörter ein: den **Wortstamm** in die Mitte!*

24 - FLUSS -

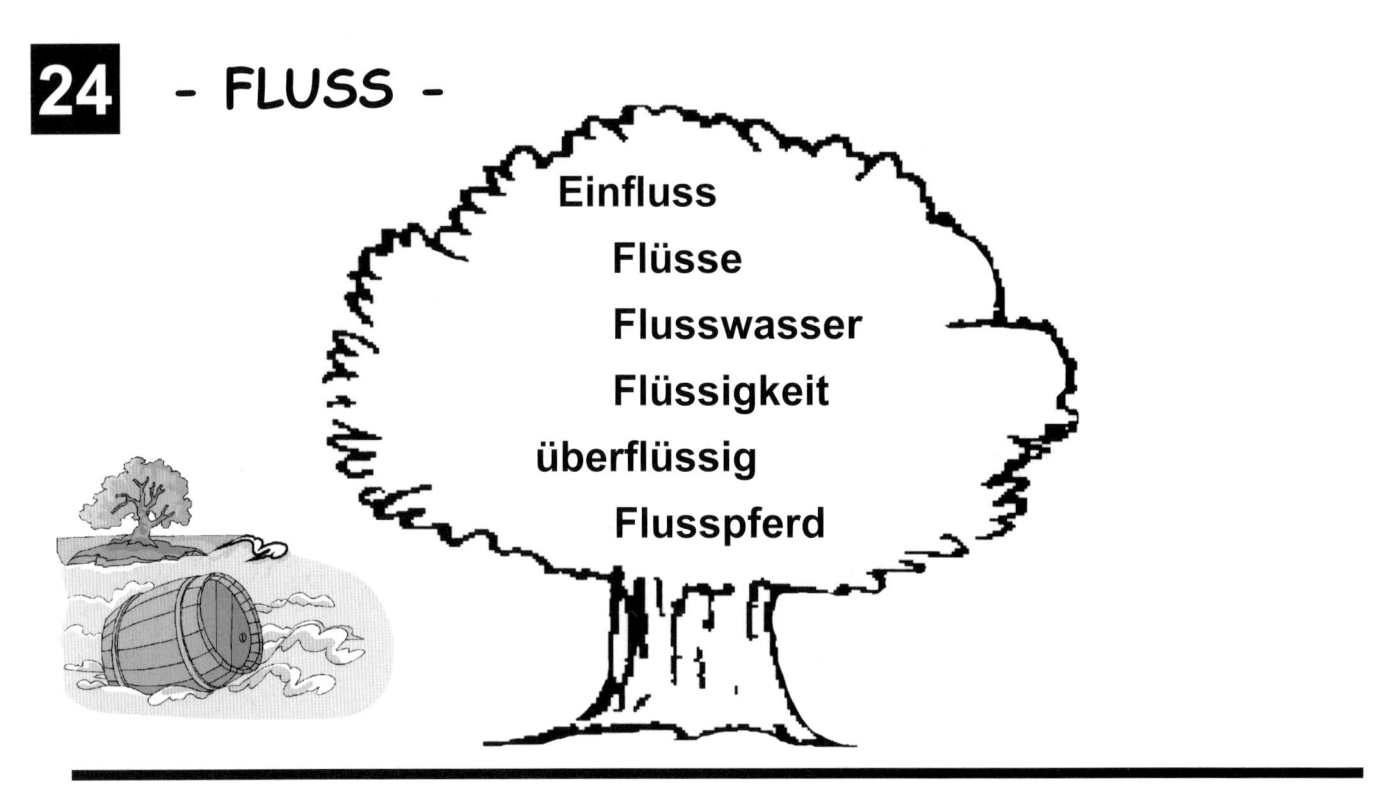

Einfluss
Flüsse
Flusswasser
Flüssigkeit
überflüssig
Flusspferd

A *Schreibe die passenden Wortformen in den Text!*

Der Name „Nilpferd" ist wirklich seltsam. Denn es gibt noch andere _____, wo dieses Tier auch lebt, so dass man besser „Flusspferd" sagen würde. Doch genau ist dieser Name gleichfalls nicht, weil das _____ viel näher mit dem Schwein verwandt ist als mit dem Pferd. In der Nacht gehen die Flusspferde an Land, wo sie große Mengen Gras fressen. Aber tagsüber bietet ihnen das _____ den wirksamsten Schutz gegen zu große Hitze.

B *Trage hier noch die übrigen Wörter ein: den **Wortstamm** in die Mitte!*

25 - FOLG -

- befolgen
- Folge
- verfolgen
- Erfolg
- erfolgreich
- folglich

A *Schreibe die passenden Wortformen in den Text!*

Der Höhepunkt des Tages war eine Schnitzeljagd. Kevin und seine Gruppe kamen schnell voran, bis sie den Wald erreichten. Hier war es manchmal ziemlich schwer, die Spur zu finden, welche sie _____ mussten. Dreimal verloren sie diese und _____ blieb ihnen nur übrig, ein Stück zurückzulaufen. Nach zwei Stunden kam ihnen das Gelände wieder bekannt vor. Wirklich waren sie bald am Ziel, sogar als Erste! Mit diesem _____ hatte keiner gerechnet.

B *Trage hier noch die übrigen Wörter ein: den **Wortstamm** in die Mitte!*

26 - FÜHR -

ausführlich
Führung
vorführen
Führerschein
ausführen
abführen

A *Schreibe die passenden Wortformen in den Text!*

Der Höhepunkt des Wandertages war natürlich die Burg. Leider durften die Kinder nicht überall herumlaufen. Aber es gab eine sehr gute _____: Der Mann konnte ihnen fast alles erklären, was sie wissen wollten. Sina fragte ihn, ob er die Zugbrücke nicht mal _____ könnte. Die anderen bettelten dann so lange, bis er schließlich die Brücke hochkurbelte. Sie erfuhren so viel, dass ihre Berichte, die sie später schrieben, sehr _____ wurden.

B *Trage hier noch die übrigen Wörter ein: den **Wortstamm** in die Mitte!*

27 - FÜLL -

erfüllen
gefüllt
Füllung
nachfüllen
Füller
überfüllt

A Schreibe die passenden Wortformen in den Text!

Wenn es den Fischen gut gehen soll, muss man bei einem Aquarium einiges beachten: Am wichtigsten ist, dass das Becken gar nicht erst mit Fischen_____ wird. Auch zu viel füttern darf man nicht, denn sonst verfaulen die Reste. Weil immer etwas Wasser verdunstet, sollte man ab und zu welches_____. Natürlich müssen Wasserpumpe und Filter in Ordnung gehalten werden: Vor allem die_____ des Filtertopfes muss regelmäßig erneuert werden.

B Trage hier noch die übrigen Wörter ein: den **Wortstamm** in die Mitte!

28 - Fuß -

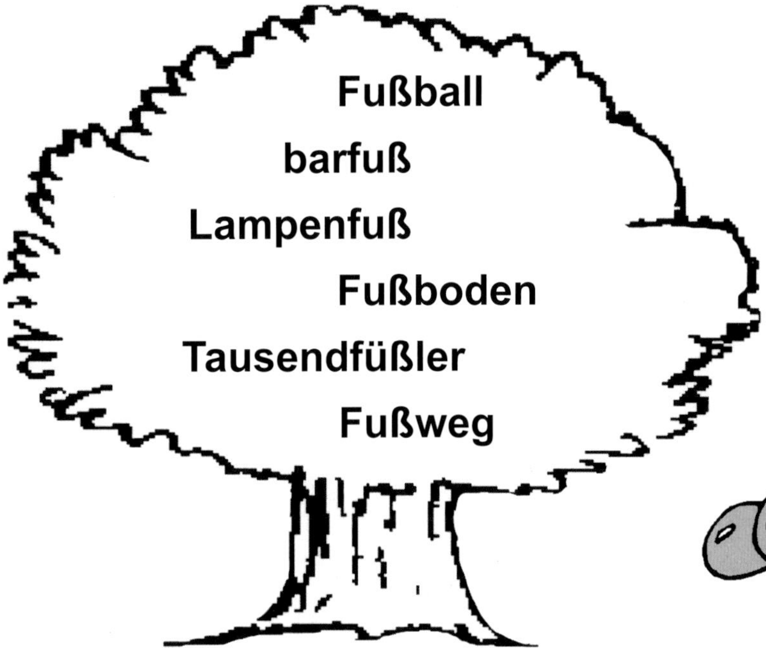

Fußball
barfuß
Lampenfuß
Fußboden
Tausendfüßler
Fußweg

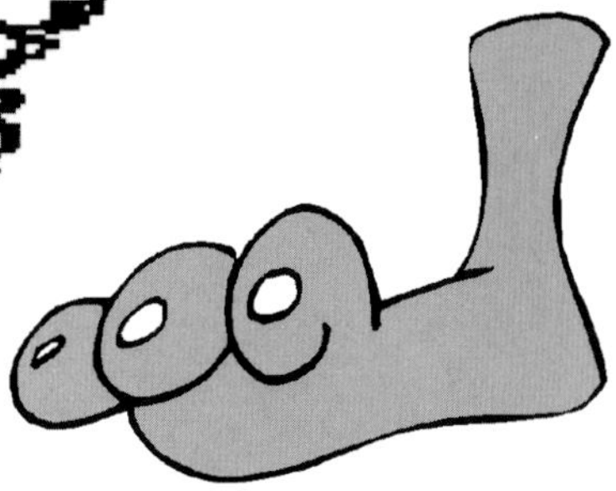

A Schreibe die passenden Wortformen in den Text!

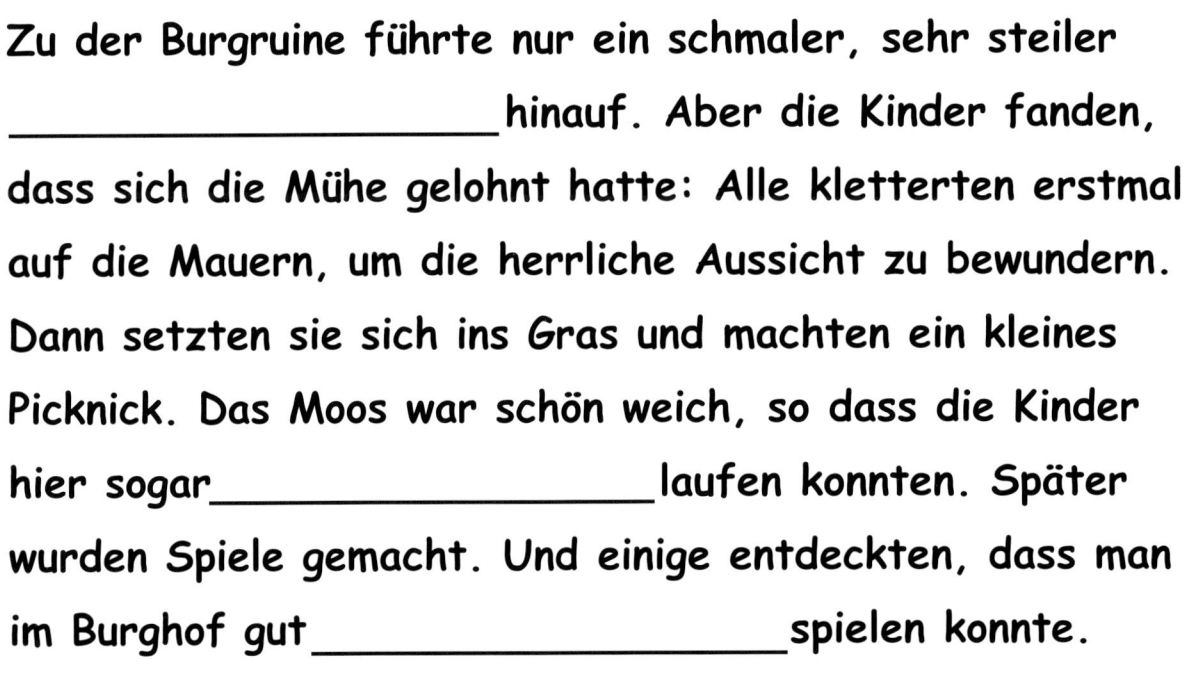

Zu der Burgruine führte nur ein schmaler, sehr steiler _____ hinauf. Aber die Kinder fanden, dass sich die Mühe gelohnt hatte: Alle kletterten erstmal auf die Mauern, um die herrliche Aussicht zu bewundern. Dann setzten sie sich ins Gras und machten ein kleines Picknick. Das Moos war schön weich, so dass die Kinder hier sogar_____ laufen konnten. Später wurden Spiele gemacht. Und einige entdeckten, dass man im Burghof gut_____ spielen konnte.

B Trage hier noch die übrigen Wörter ein: den **Wortstamm** in die Mitte!

29 - GLÜCK -

unglücklich
verunglücken
Glücksspiel
Glückwünschen
missglückt
Glück

A Schreibe die passenden Wortformen in den Text!

Zu Corinnas Geburtstag waren schon viele Briefe mit _____ eingegangen. Am Nachmittag gab es eine kleine Feier nur mit der Familie. Der Geburtstagskuchen war leider völlig _____, weil er zu spät aus dem Backofen genommen wurde. Das war wirklich schade, denn es war Corinnas Lieblingskuchen! Leider blieb auch keine Zeit mehr, einen neuen zu backen. Zum _____ konnten sie aber bei dem Bäcker in der Nähe noch etwas Leckeres bekommen.

B Trage hier noch die übrigen Wörter ein: den **Wortstamm** in die Mitte!

30 - GRAB -

Begräbnis
Ausgrabung
Gräber
vergraben
ausgegraben
Grabstein

A *Schreibe die passenden Wortformen in den Text!*

In der ganzen Welt werden Überreste alter Kulturen

_____. Über diese wissen wir heute

viel mehr als noch vor hundert Jahren. Besonders für

_____ interessieren sich die Fachleute.

Schon an den Skeletten können sie vieles erkennen.

Noch wichtiger kann das sein, was den Toten mit ins

Grab gelegt wurde: etwa Kunstgegenstände, Münzen oder

Gefäße. Manche _____ muss schnell

vorangehen, weil der Fundort auf einer Baustelle ist.

B *Trage hier noch die übrigen Wörter ein: den **Wortstamm** in die Mitte!*

31 - Groß -

Größe
Vergrößerungen
großen
Großstadt
riesengroß
Großeltern

A *Schreibe die passenden Wortformen in den Text!*

Die Sommerferien sind fast zu Ende. Nun sitzen alle im Wohnzimmer zusammen und schauen sich die Fotos an, die auf dem _____ Tisch ausgebreitet sind. Über ein Bild müssen sie immer wieder lachen: Es zeigt Benjamin und Simone, wie sie versuchen, einen Handstand zu machen. Benjamin bittet: „Kann ich davon ein paar _____ bekommen?" Er möchte sie nämlich an ihre _____ schicken. Denn die würden sich bestimmt darüber freuen.

B *Trage hier noch die übrigen Wörter ein: den **Wortstamm** in die Mitte!*

32 - GRUND -

Begründung
Grundstück
gegründet
Grund
gründlich
Abgrund

A *Schreibe die passenden Wortformen in den Text!*

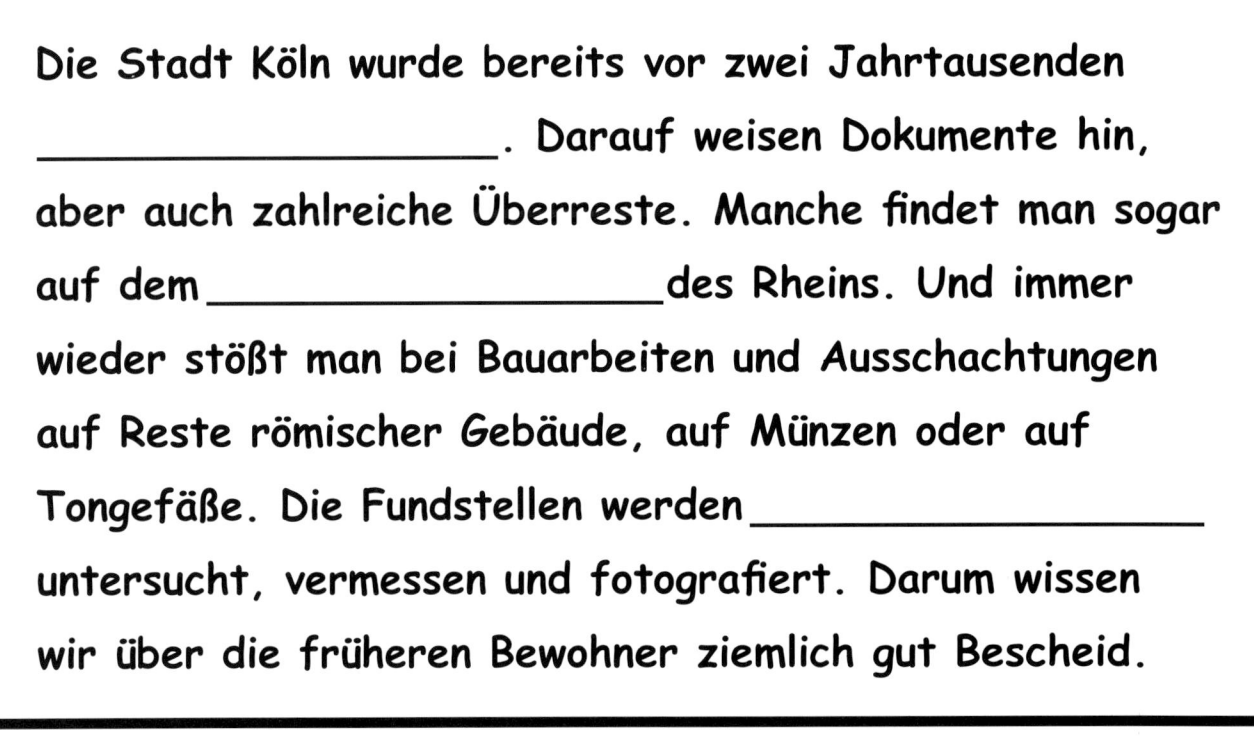

Die Stadt Köln wurde bereits vor zwei Jahrtausenden
_____. Darauf weisen Dokumente hin,
aber auch zahlreiche Überreste. Manche findet man sogar
auf dem _____ des Rheins. Und immer
wieder stößt man bei Bauarbeiten und Ausschachtungen
auf Reste römischer Gebäude, auf Münzen oder auf
Tongefäße. Die Fundstellen werden _____
untersucht, vermessen und fotografiert. Darum wissen
wir über die früheren Bewohner ziemlich gut Bescheid.

B *Trage hier noch die übrigen Wörter ein: den **Wortstamm** in die Mitte!*

33 - HAUS -

häuslich
Hausaufgaben
Gehäuse
Hausmeister
Nachbarhaus
Hause

A *Schreibe die passenden Wortformen in den Text!*

Mirko war ganz allein zu_____. Das störte ihn normalerweise nicht. Denn mit seinen _____ kam er meistens ohne Hilfe zurecht. Aber heute konnte er zwei der Rechenaufgaben nicht lösen. Er kam einfach nicht weiter und wurde richtig sauer. Gerade wollte er einen Freund anrufen und ihn fragen, als es schellte. Vor der Tür stand Jonas aus dem _____. Er wollte eigentlich mit ihm spielen. Doch erst half er Mirko noch bei seinen Aufgaben.

B *Trage hier noch die übrigen Wörter ein: den **Wortstamm** in die Mitte!*

34 - HERR -

herrlich
Herrenmode
beherrschen
Herrscherin
Herrschaft
herrschte

A Schreibe die passenden Wortformen in den Text!

Im Tal _____ eine drückende Schwüle, als die Wanderer aufbrachen. Ihr Ziel war der Gipfel des 1300 Meter hohen Berges. In der Hitze kamen sie aber nur mühsam voran: Da mussten sie sich schon _____, um nicht ständig zu jammern und zu schimpfen. In der Höhe war es dann nicht mehr so schwül. Wie froh waren sie, als sie endlich den Gipfel erreichten! Von hier konnte man viele Kilometer weit ins Land sehen, es war einfach _____.

B Trage hier noch die übrigen Wörter ein: den **Wortstamm** in die Mitte!

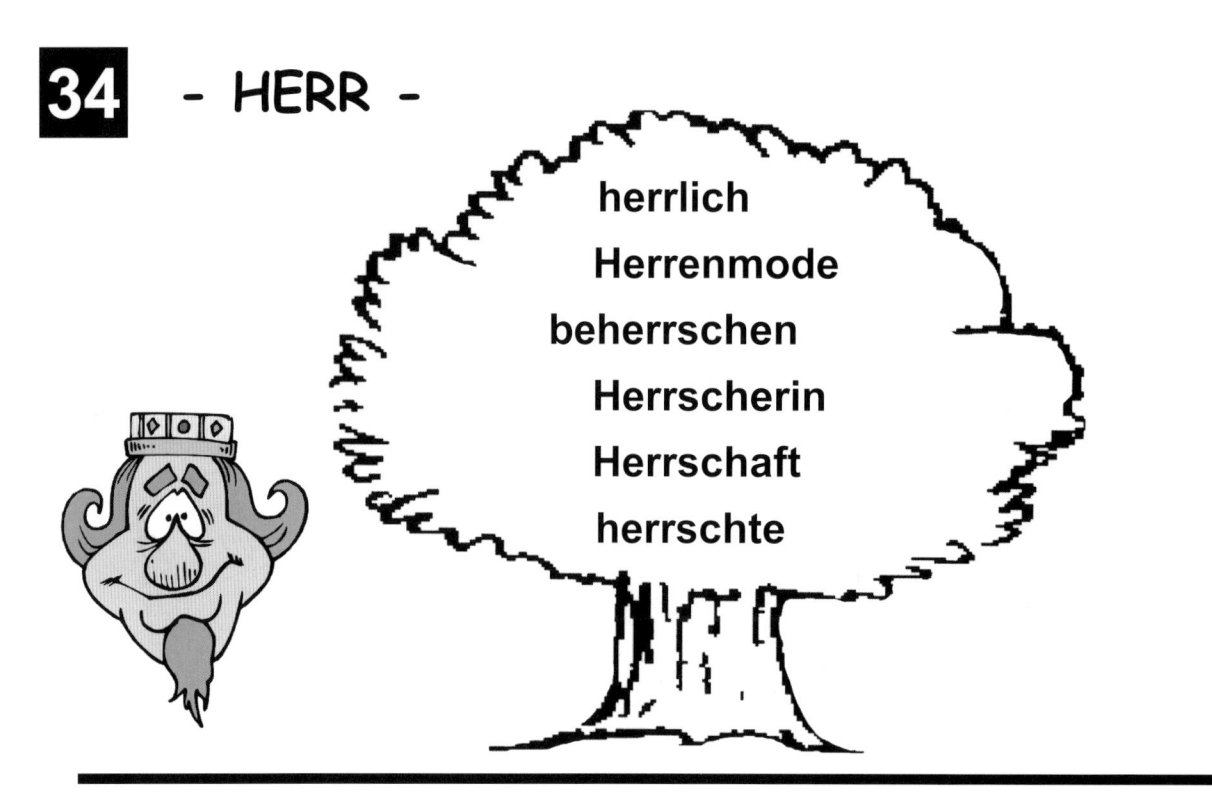

35 - KLAPP -

es klapperte
klapprig
Klapptisch
zusammenklappen
klappen
Kläppchen

A *Schreibe die passenden Wortformen in den Text!*

Der Motor des Rasenmähers sprang einfach nicht an. Uwe versuchte es schon eine Weile. Da kam Andrea mit dem Handmäher: „Ich nehme mal diesen hier, damit wird es _____." Uwe meinte nur: „So ein olles Ding ..." Der alte Rasenmäher quietschte und _____ zwar, aber er lief wenigstens. Uwe hatte den Fehler noch immer nicht gefunden, als Andrea den Handmäher schon wieder _____ konnte.

B *Trage hier noch die übrigen Wörter ein: den **Wortstamm** in die Mitte!*

36 - KLEB -

einkleben
Aufkleber
Klebstoff
eingeklebt
Klebeband
klebrig

A Schreibe die passenden Wortformen in den Text!

Aus dem Urlaub bringt Familie Töpfer immer allerlei mit: Muscheln, Steine, Prospekte, _____, Anstecknadeln und natürlich eine Menge von Fotos. Zu Hause setzen sich später alle zusammen, um die Bilder durchzusehen. Schließlich werden die besten in ein Album _____. Maxi wollte diese Aufgabe übernehmen: Nun sitzt er geduldig da und gibt sich große Mühe, damit die Bilder richtig sitzen und auch kein Tropfen _____ danebengeht.

B Trage hier noch die übrigen Wörter ein: den **Wortstamm** in die Mitte!

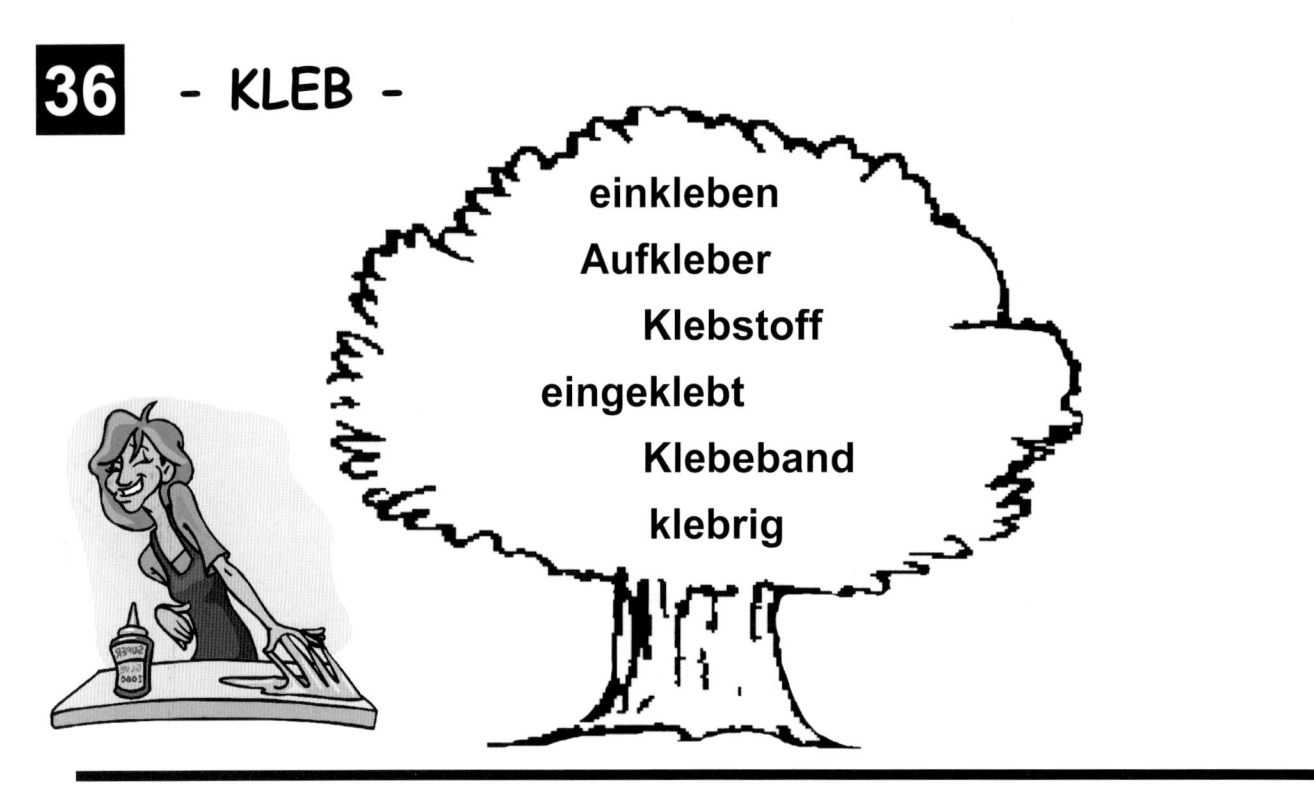

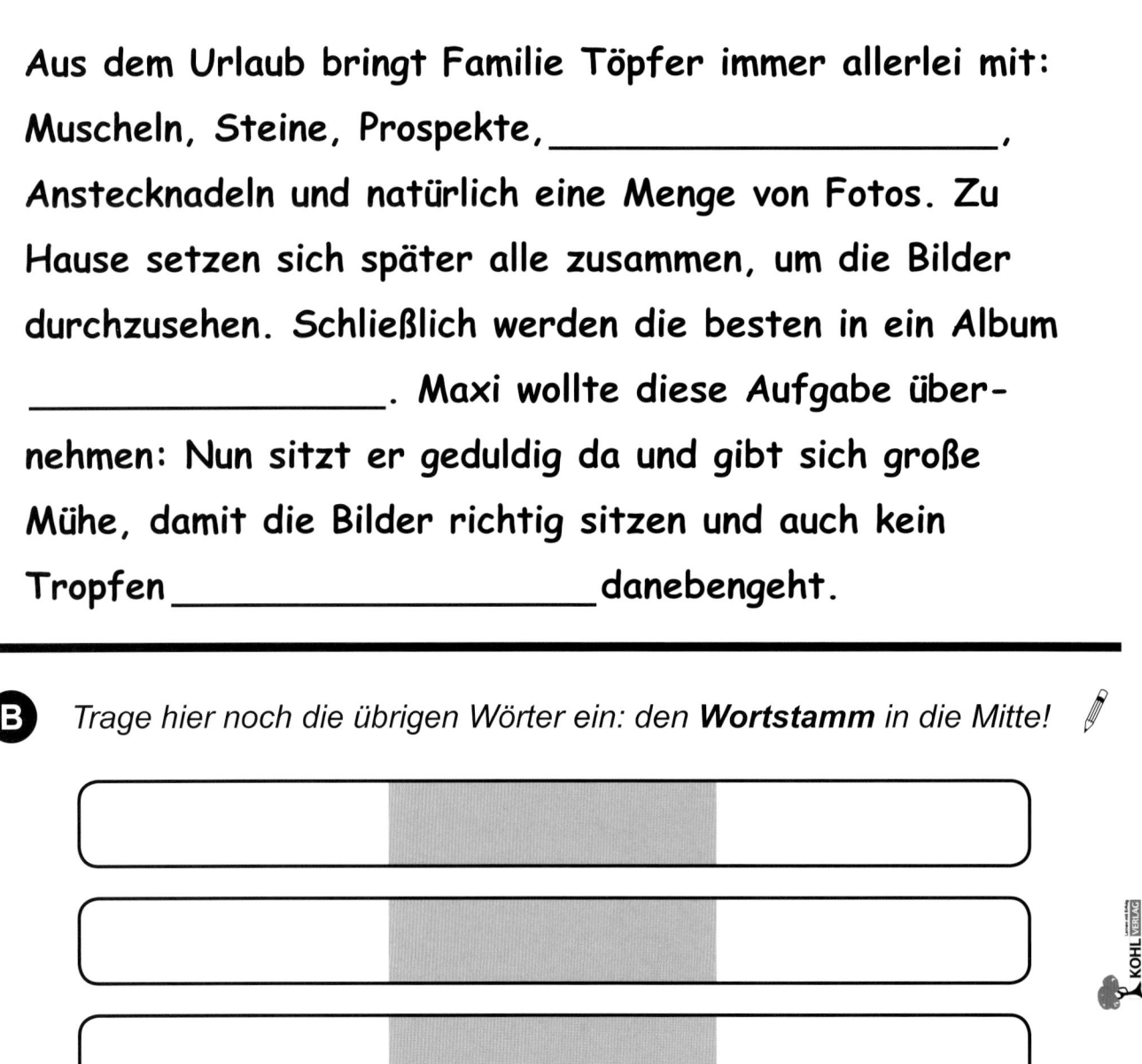

37 - KOMM -

Einkommen
auskommen
bekömmlich
mitbekommen
ankommen
vollkommen

A *Schreibe die passenden Wortformen in den Text!*

Christa, Dirk und ihre Freunde haben sich verspätet. Als sie am Kino _____, hat der Film schon begonnen. Sollen sie besser am nächsten Tag wiederkommen? Nein, sie entscheiden sich zu bleiben – und das bereuen sie auch nicht. Stellenweise ist der Film richtig komisch, so dass sie vor Lachen gar nicht alles _____. Wie gerne würde Christa viel öfter ins Kino gehen! Aber sie muss eben mit einem kleinen Taschengeld _____.

B *Trage hier noch die übrigen Wörter ein: den **Wortstamm** in die Mitte!*

38 - KRATZ -

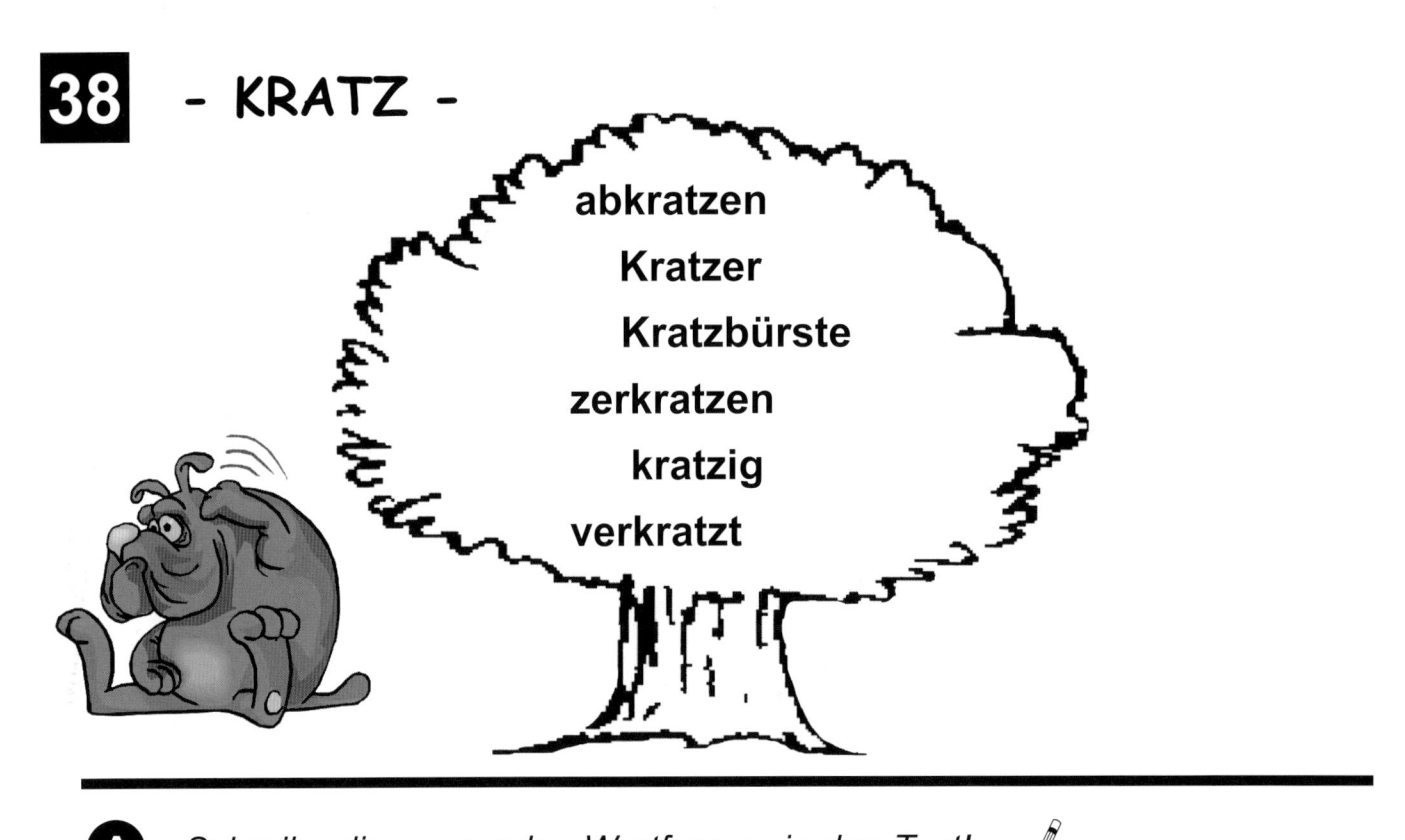

abkratzen
Kratzer
Kratzbürste
zerkratzen
kratzig
verkratzt

A Schreibe die passenden Wortformen in den Text!

Marvins Unterarme waren _____, als er in seine Klasse kam. Die Kinder wollten natürlich hören, wie das passiert war: Er hatte eine Katze befreien wollen, die in einem Stacheldraht hängen geblieben war. Als er sie herauszog, schlug sie um sich und fügte ihm all diese _____ zu. Marvin nahm die Katze nach Hause mit, um sie zu pflegen. „Weißt du, woher sie ist und wie sie heißt?" – „Nein, keine Ahnung." – Dann nenn' sie doch _____." – „Ja, das passt wirklich."

B Trage hier noch die übrigen Wörter ein: den **Wortstamm** in die Mitte!

39 - KUND -

kündigen
Ankündigung
Kunde
verkünden
sich erkundigen
Kundschaft

A *Schreibe die passenden Wortformen in den Text!*

An den Schaufenstern kleben knallbunte Plakate mit der

_____, dass heute um acht Uhr

eine Bäckerei eröffnet wird. Die ersten Kunden sollen

alles für die Hälfte bekommen. So hat sich bereits eine

kleine Schlange gebildet, als die Ladentür geöffnet wird.

Die neue _____ drängelt hinein. Erst am

Mittag betreten Markus und Franziska den Laden. Sie

_____ sich, was die Apfeltaschen kosten.

Doch die sind inzwischen alle ausverkauft.

B *Trage hier noch die übrigen Wörter ein: den **Wortstamm** in die Mitte!*

40 - LAD -

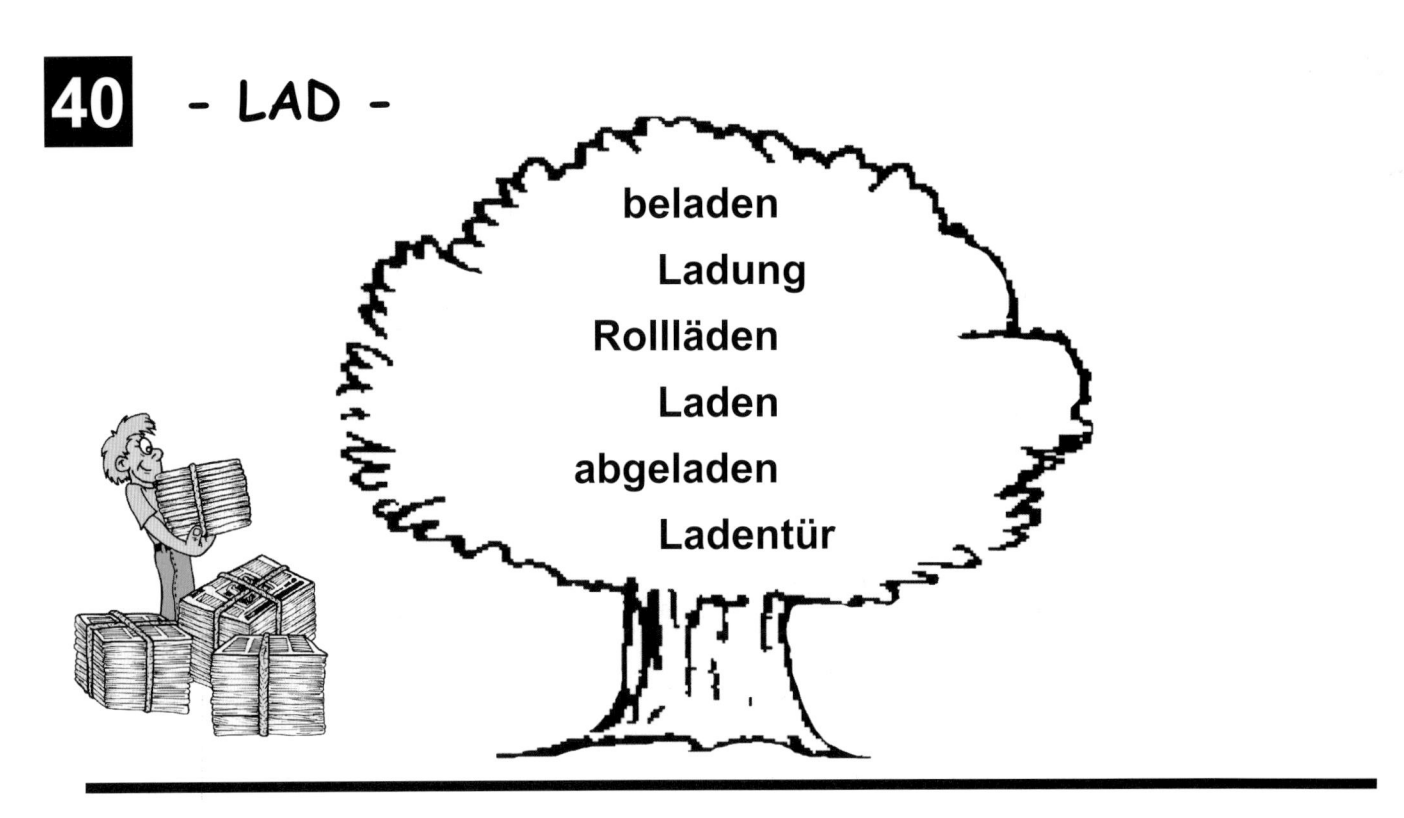

beladen
Ladung
Rollläden
Laden
abgeladen
Ladentür

A *Schreibe die passenden Wortformen in den Text!*

Frau Brunner gehört ein winziger _____,
in dem sie vor allem Zeitungen und Zeitschriften verkauft.
Daher muss sie immer sehr früh aufstehen. Noch vor
sechs Uhr zieht sie die _____ hoch und
beginnt mit ihren Vorbereitungen für den Tag. Zuerst
müssen die dicken Zeitungsbündel aufgeschnitten werden,
die vor der Tür des Geschäfts _____
wurden. Während dieser Arbeit kommen bereits die
ersten Kunden herein, um Zeitungen zu kaufen.

B *Trage hier noch die übrigen Wörter ein: den **Wortstamm** in die Mitte!*

41 - LAND -

Länder
Ausland
Landung
Gelände
Landschaft
Landebahn

A Schreibe die passenden Wortformen in den Text!

Schispringen auf der grünen Wiese – das kommt einem schon seltsam vor. Doch manche Schispringer sind froh, wenn sie im Sommer ein _____ haben, wo sie etwas üben können. Auf die Sprungschanze und die _____ werden Matten aus Kunststoff gelegt. Die sehen ähnlich aus wie hohes Gras. Auch wenn es warm ist, müssen die Springer lange Ärmel und lange Hosen tragen. Denn ohne diesen Schutz könnten sie sich bei der _____ die Haut „verbrennen".

B Trage hier noch die übrigen Wörter ein: den **Wortstamm** in die Mitte!

42 - LANG -

länglich
langsam
Verlängerung
lange
langweilig
verlangen

A *Schreibe die passenden Wortformen in den Text!*

Stefan saß mit einigen anderen vor dem Fernseher. Sie sahen sich ein Fußballspiel an. Das war erstmal ziemlich _____. Es tat sich einfach nichts auf dem Spielfeld. Stefan wurde _____ ungeduldig. Aber dann fielen kurz hintereinander zwei Tore und es stand 1:1! Nun wurde das Spiel noch richtig spannend. Weil jedoch kein Tor mehr fiel, gab es eine _____. Und Stefan freute sich, als schließlich „seine" Mannschaft sogar mit 3:1 gewann.

B *Trage hier noch die übrigen Wörter ein: den **Wortstamm** in die Mitte!*

43 - LASS -

lässig
Anlass
zuverlässig
Entlassung
nachlassen
verlassen

A *Schreibe die passenden Wortformen in den Text!*

Sebastian war wieder ganz _____ freihändig gefahren, aber dann war er mit dem Fahrrad gestürzt: Er verletzte sich am Kopf, so dass er gleich ins Krankenhaus gebracht werden musste. Nach drei Tagen konnte man ihn zwar entlassen, aber er war sauer, dass er für eine Woche das Bett nicht _____ durfte. Sein Unfall war dann der _____ für ein paar ernste Worte: Er musste seinen Eltern versprechen, dass er nie mehr ohne Helm fahren würde.

B *Trage hier noch die übrigen Wörter ein: den **Wortstamm** in die Mitte!*

Seite 51

44 - LAUF -

Läufer
Wettlauf
vorläufig
Anlauf
verlaufen
Laufstrecke

A Schreibe die passenden Wortformen in den Text!

Das Sportfest am Wochenende wird mit einem Volkslauf eröffnet, an dem jeder teilnehmen kann. Schon seit Tagen sind Helfer dabei, die _____ zu markieren: Sie soll 3000 Meter lang sein und quer durch den Wald in den Nachbarort führen. Dort wird dann auch die Siegerehrung stattfinden. Für die zehn besten _____ in jeder Altersgruppe wird es kleine Preise geben. Man rechnet damit, dass sich wieder Tausende an dem _____ beteiligen.

B Trage hier noch die übrigen Wörter ein: den **Wortstamm** in die Mitte!

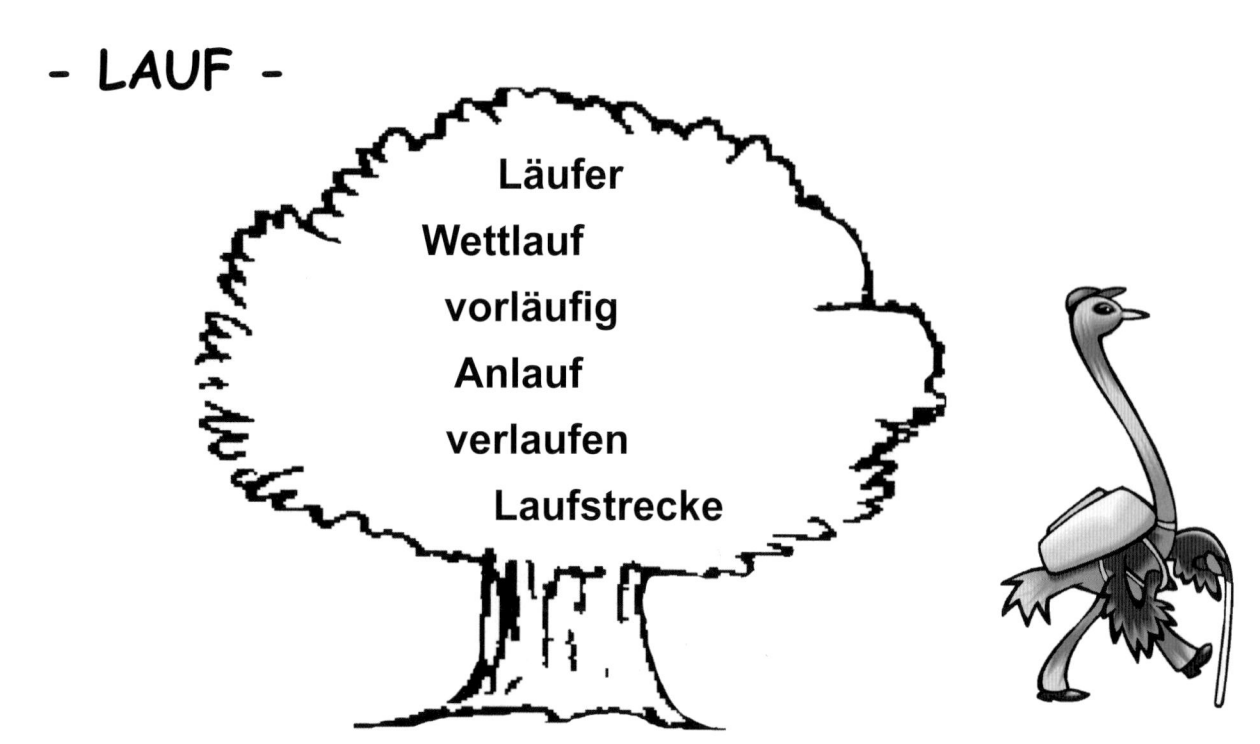

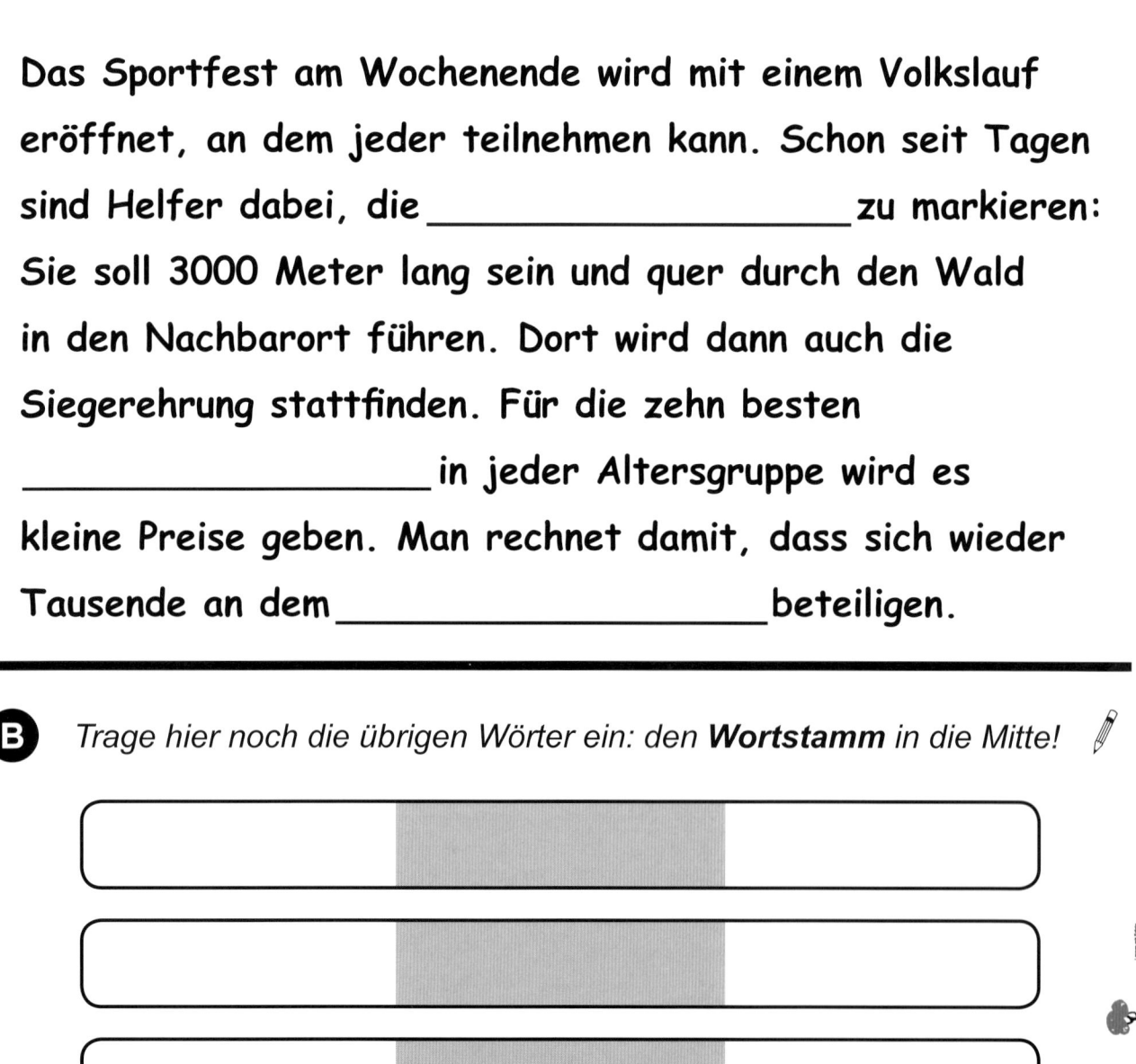

45 - LAUT -

läutete
erläutern
Glockengeläut
Lautstärke
Selbstlaut
Laut

A Schreibe die passenden Wortformen in den Text!

Es war schon hell, doch aus Benjamins Zimmer hörte man noch keinen _____. Er schlief wohl ganz fest. Um halb sieben _____ sein Wecker, aber er blieb liegen und kam auch nicht zum Frühstück. Seine Schwester Simone wunderte sich darüber und fragte: „Ist Benni krank?" – „Nein, er hat heute schulfrei", sagte die Mutter. Erst eine Stunde später stand Benjamin auf. Als er dann merkte, dass er allein war, stellte er das Radio auf volle _____.

B Trage hier noch die übrigen Wörter ein: den **Wortstamm** in die Mitte!

46 - LEB -

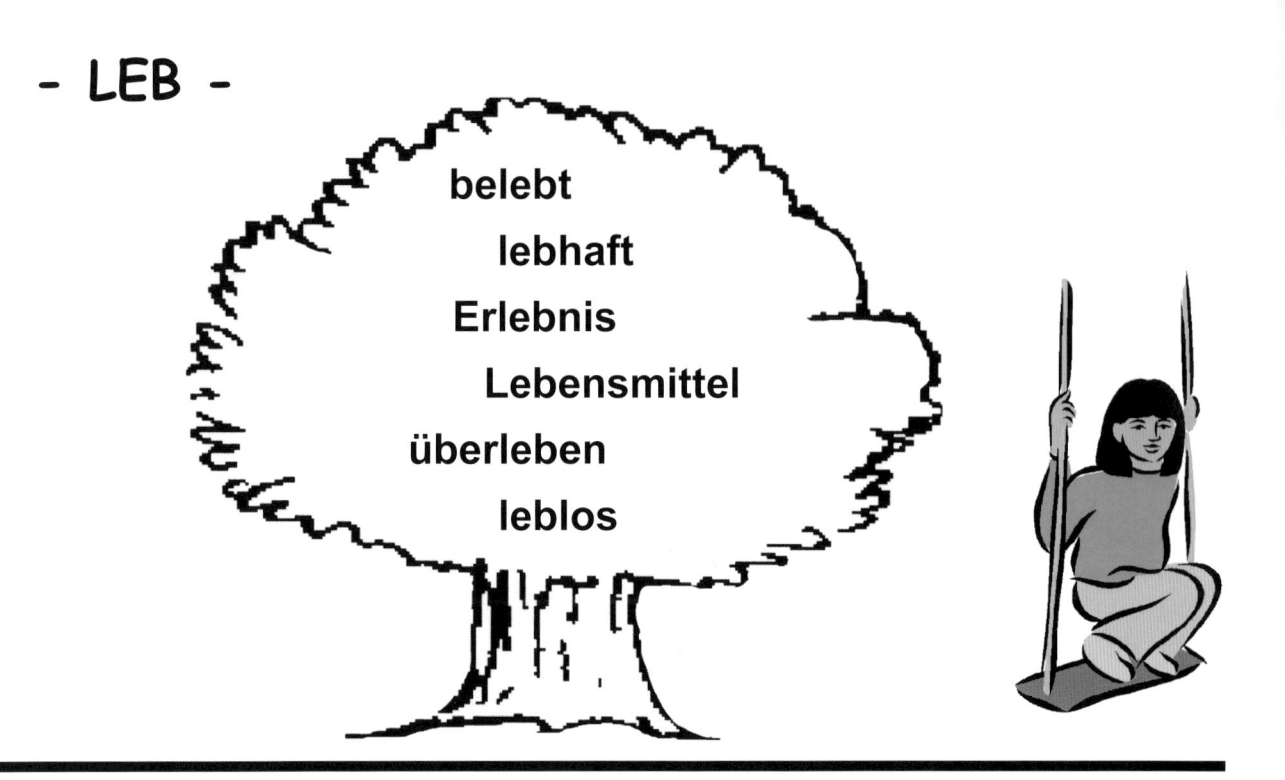

belebt
lebhaft
Erlebnis
Lebensmittel
überleben
leblos

A Schreibe die passenden Wortformen in den Text!

Sein _____ mit einem Hamster wird Daniel wohl nicht vergessen. Er hatte das Tier von Bekannten für eine Woche zur Pflege bekommen. Zuerst war er enttäuscht, weil der Hamster _____ im Käfig lag. War er vielleicht krank? Er hätte so gerne mit ihm gespielt. Keiner hatte Daniel gesagt, dass Hamster Nachttiere sind. Tatsächlich wurde das Tier nachts äußerst _____. Daniel konnte kaum richtig schlafen, weil das Laufrad im Käfig dauernd quietschte.

B Trage hier noch die übrigen Wörter ein: den **Wortstamm** in die Mitte!

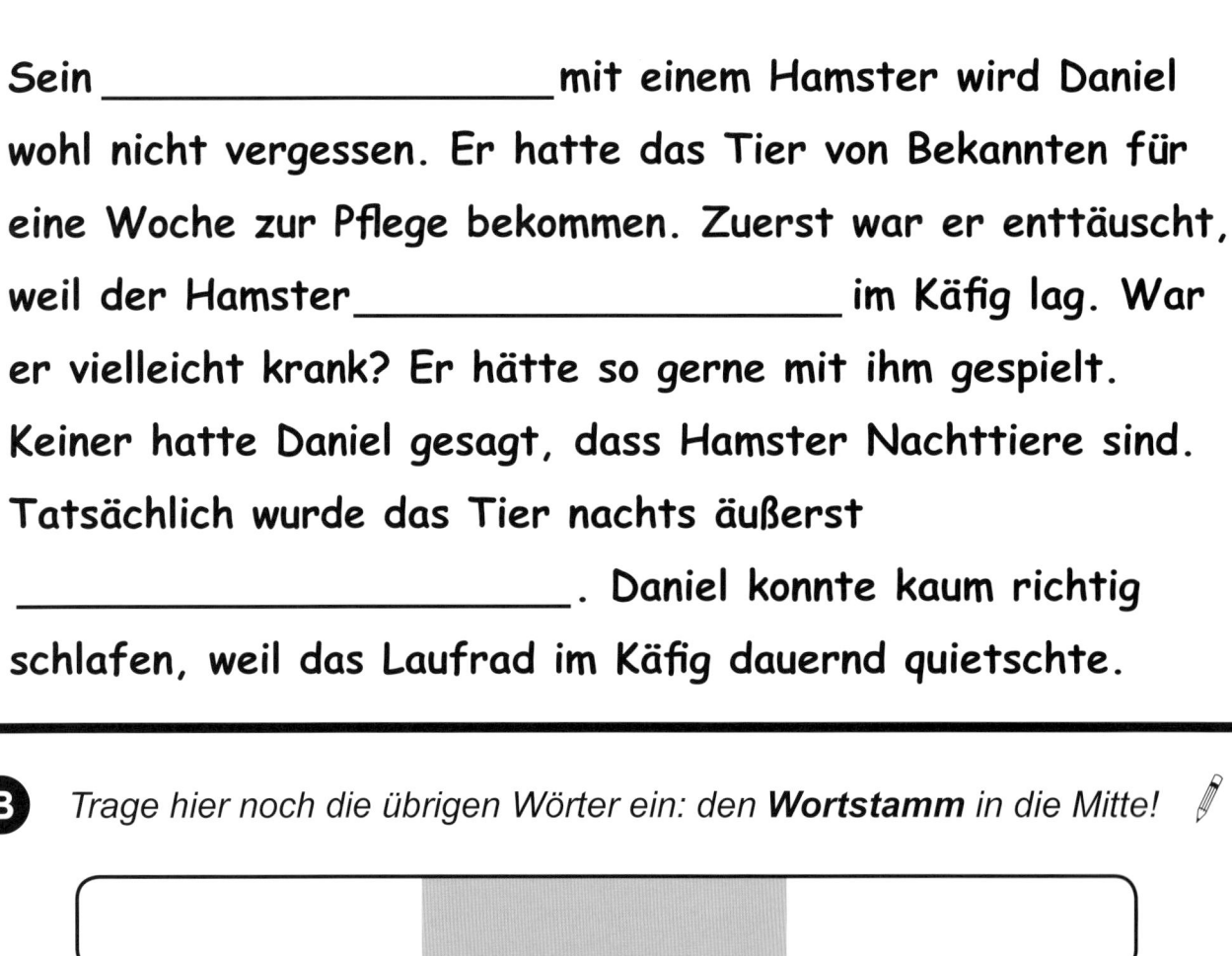

47 - LEIH -

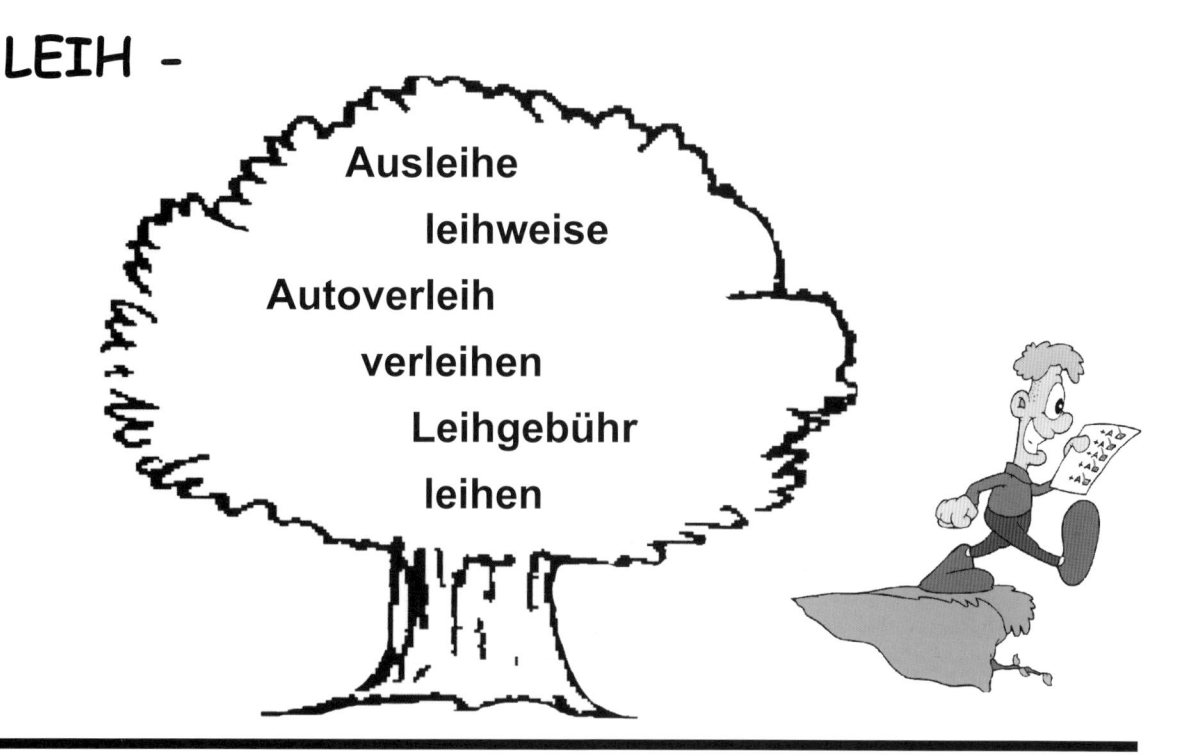

Ausleihe
leihweise
Autoverleih
verleihen
Leihgebühr
leihen

A *Schreibe die passenden Wortformen in den Text!*

In der städtischen Bücherei stand ein Umbau bevor und Massen von Büchern mussten weggeräumt werden. Da hatte jemand einen guten Einfall: Die Arbeit wäre doch leichter, wenn man die Bücher alle_____ würde! Genau so wurde es gemacht. Für einige Wochen konnte sich jeder so viele Bücher_____, wie er wollte. Die Idee war wirklich gut. Denn es kamen viele Leser, die stapelweise Bücher mitnahmen. Und dafür mussten sie nicht einmal_____bezahlen.

B *Trage hier noch die übrigen Wörter ein: den **Wortstamm** in die Mitte!*

48 - LES -

vorlesen
auflesen
unleserlich
lesbar
Weinlese
lesen

A *Schreibe die passenden Wortformen in den Text!*

Wenn wir anderen etwas _____, dann können wir nicht so schnell sprechen wie sonst. Aber wer geübt ist, kann beim stillen Lesen schneller vorankommen als beim Sprechen. Natürlich hängt das auch von der Art des Textes ab: Die Sätze dürfen nicht so umständlich sein und die Schrift muss gut _____ sein. Es gibt Leute, die so schnell mitschreiben können, wie andere sprechen. Die besondere Kurzschrift, die sie hierbei benutzen, kann aber nicht jeder _____.

B *Trage hier noch die übrigen Wörter ein: den **Wortstamm** in die Mitte!*

49 - LIEB -

lieber
verliebt
Vorliebe
Lieblingsspiel
lieben
beliebt

A *Schreibe die passenden Wortformen in den Text!*

Leider goss es am Wochenende in Strömen, so dass Kathrin und Markus im Haus blieben. Immerhin war das eine Gelegenheit, ihr _____ herauszuholen: „Das verrückte Labyrinth". Als Lars von nebenan kam und mitspielen wollte, wiesen sie ihn ab. Er ist bei ihnen nicht so _____, weil er meistens ein schlechter Verlierer ist. „Da fragen wir doch _____ Paul", schlug Markus vor, „vielleicht möchte er gerne mitspielen."

B *Trage hier noch die übrigen Wörter ein: den **Wortstamm** in die Mitte!*

50 - LOS -

Lösung
Verlosung
lösen
ratlos
Auslöser
loslassen

A *Schreibe die passenden Wortformen in den Text!*

Sabine macht es eigentlich Freude, Kreuzworträtsel zu _____. Die Rätsel in Zeitschriften jedoch findet sie oft zu schwer. Wenn sie nicht weiterkommt, fragt sie meist ihren Bruder. Aber der ist heute erstmal _____: „Antilopen-Art mit drei Buchstaben? Keine Ahnung." Nun sieht er, dass der letzte Buchstabe schon eingetragen ist, ein U. Da fällt es ihm ein: „Das Gnu gibt es, das ist wohl gemeint." Viermal muss Sabine ihn noch fragen, bis sie die _____ gefunden hat.

B *Trage hier noch die übrigen Wörter ein: den **Wortstamm** in die Mitte!*

51 - MAHL -

Mahlzeit
gemahlen
Mahl
Mahlwerk
mahlen
zermahlen

A *Schreibe die passenden Wortformen in den Text!*

Moni und Robin konnten neulich eine Windmühle in Betrieb erleben. Sie staunten darüber, dass sie bis auf das _____ fast nur aus Holz bestand. Da knarrte und polterte es gewaltig, als sich die Mühlsteine drehten und die Körner _____ wurden. Mit dem frisch gemahlenen Mehl wurde gleich danach gebacken. Und so konnte man den Besuchern später eine kleine _____ anbieten. Das noch warme Brot mit Butter und Käse schmeckte ausgezeichnet.

B *Trage hier noch die übrigen Wörter ein: den **Wortstamm** in die Mitte!*

52 - Maß -

übermäßig
Maß
maßlos
einigermaßen
regelmäßig
Maßstab

A Schreibe die passenden Wortformen in den Text!

Natürlich müssen Zimmerpflanzen _____ Wasser bekommen. Aber man darf es auch nicht übertreiben: Denn wenn einige Blätter gelb werden, wurde die Pflanze vielleicht _____ gegossen. Zum Beispiel vertragen es die meisten Pflanzen nicht, wenn sie ein „Fußbad" bekommen: Der Blumentopf darf also nicht im Wasser stehen. Am besten findet man nach und nach durch Probieren heraus, welches für die einzelne Pflanze das richtige _____ ist.

B Trage hier noch die übrigen Wörter ein: den **Wortstamm** in die Mitte!

53 - MIET -

Mietern
Mietwohnung
Vermieterin
Autovermietung
Mietpreis
Miete

A *Schreibe die passenden Wortformen in den Text!*

Familie Falter sucht schon lange eine größere Wohnung. Das ist ziemlich mühsam. Bei vielen der Wohnungen war ihnen schon der _____ zu hoch. Doch heute haben sie wieder einen Termin bei einer _____. Auch Moritz kommt mit, um sich die Wohnung anzusehen. Sie gefällt ihnen wirklich gut und die Miete ist auch erträglich. Also möchten sie hier bald einziehen. Wichtig wird noch sein, dass sie sich mit den anderen _____ verstehen.

B *Trage hier noch die übrigen Wörter ein: den **Wortstamm** in die Mitte!*

54 - MITT -

Mittwoch
mittlere
vermitteln
Mitternacht
Mittelpunkt
mitten

A Schreibe die passenden Wortformen in den Text!

In der Klasse gibt es häufiger Streit. Oft steht dabei Damian im _____. Denn er reagiert sehr empfindlich, wenn jemand eine blöde Bemerkung macht. Manchmal erkennt er auch nicht, wenn jemand nur Spaß gemacht hat. Ab und zu können andere in der Klasse _____, bevor es zu einem großen Streit kommt. Aber gestern ist Damian so „ausgerastet", dass ihn die Lehrerin am_____ zusammen mit seinen Eltern sprechen möchte.

B Trage hier noch die übrigen Wörter ein: den **Wortstamm** in die Mitte!

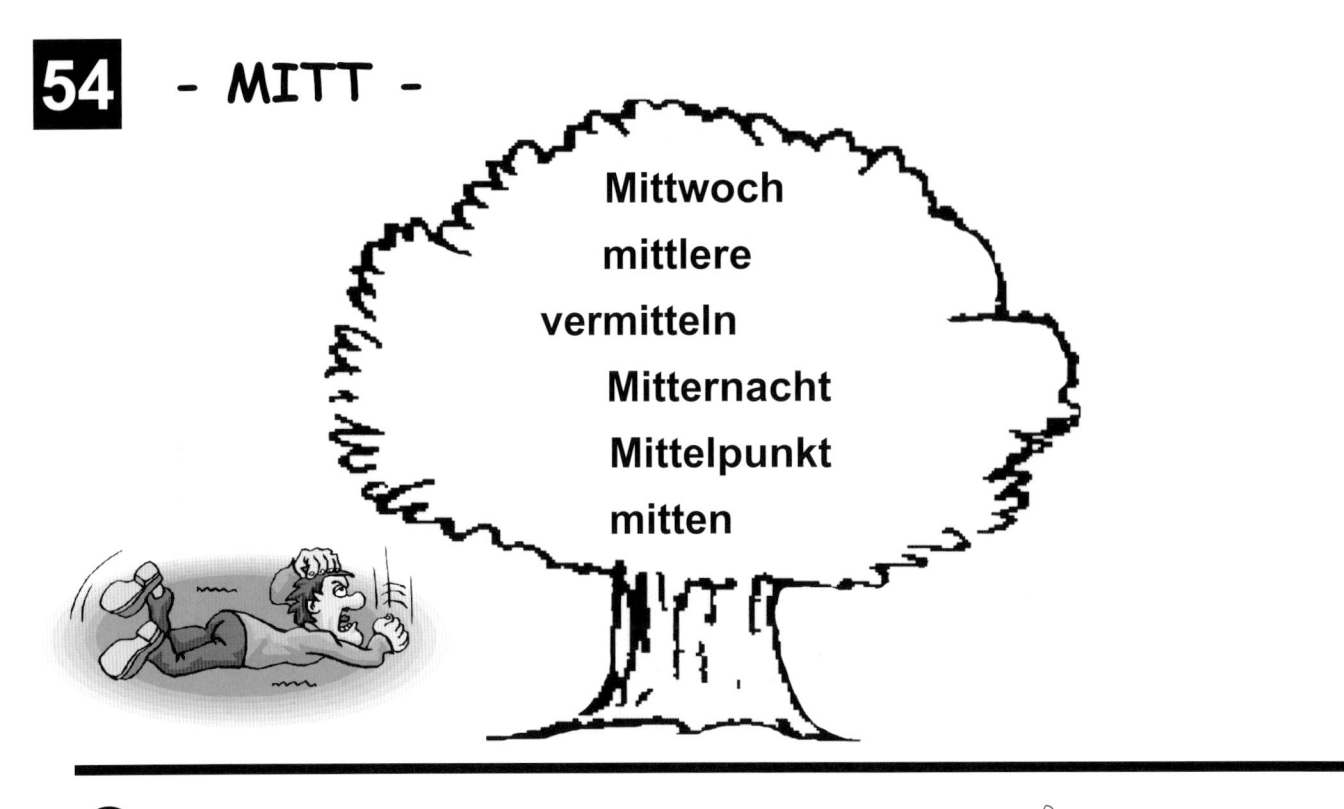

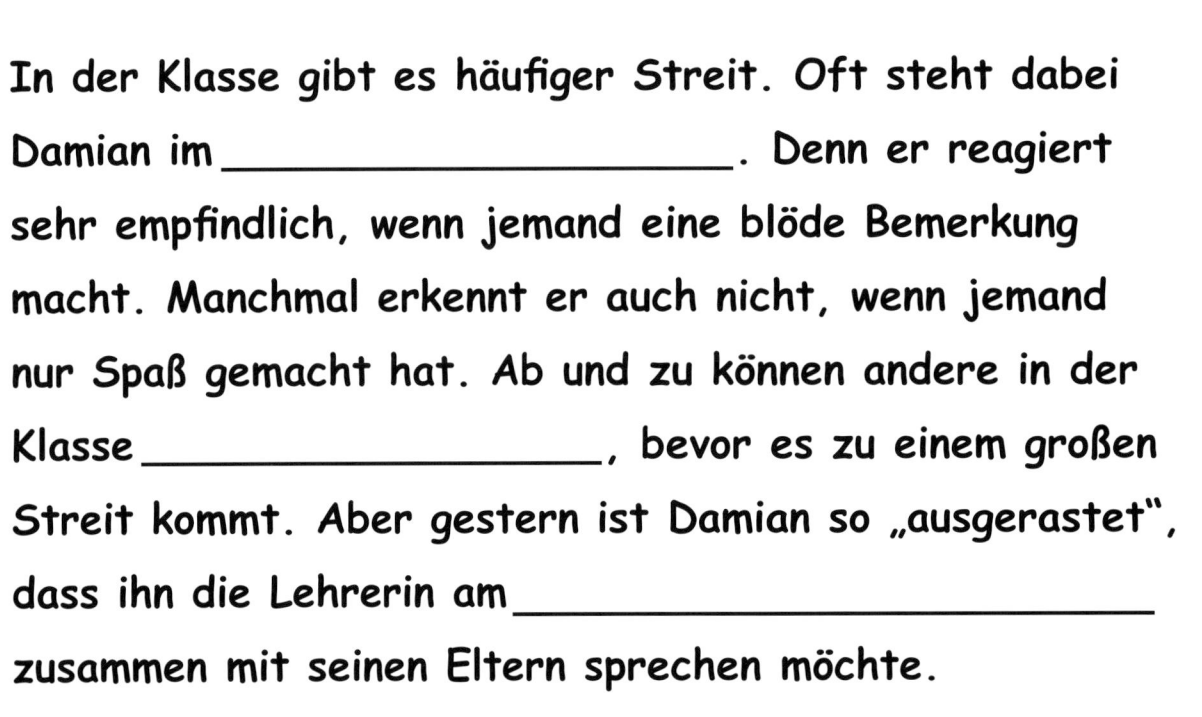

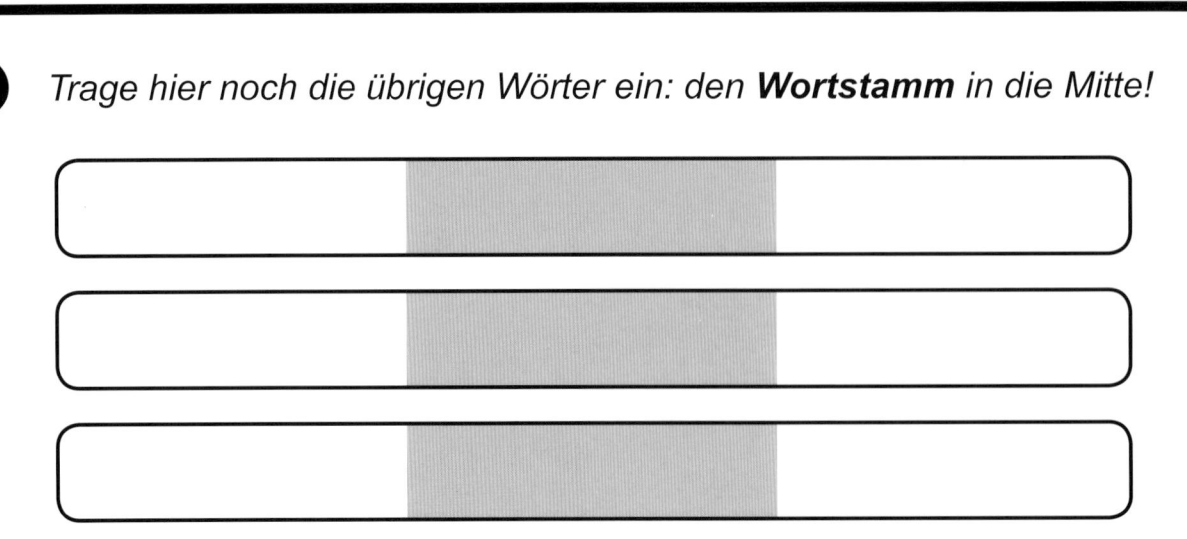

55 - NAH -

Nähe
beinah
sich nähern
Nahaufnahmen
näher
nahezu

A Schreibe die passenden Wortformen in den Text!

Auf dem Heidekraut in der _____
des Gartenzauns sitzen oft prächtige Schmetterlinge.
Das ist Moritz aufgefallen und er möchte sie einmal
fotografieren. Ja, wenn das so einfach wäre! Sobald er
einen Schritt _____ kommt, flattern sie
schon davon. Da bleibt nur eine Möglichkeit: Er muss sich
daneben setzen und ruhig abwarten. Nach einer Weile
sind fünf Schmetterlinge wiedergekommen. Nun gelingt es
ihm doch noch, ein paar _____ zu machen.

B Trage hier noch die übrigen Wörter ein: den **Wortstamm** in die Mitte!

56 - NAHR -

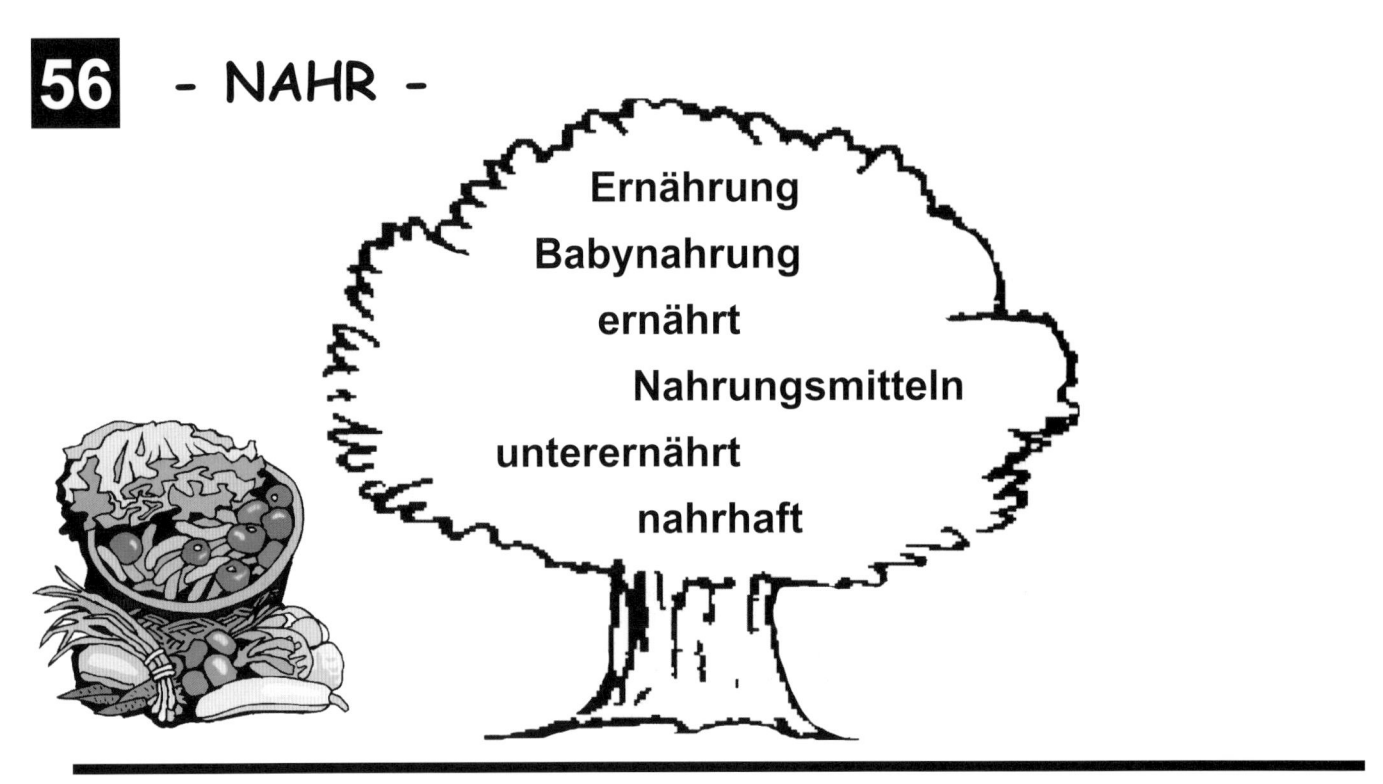

Ernährung
Babynahrung
ernährt
Nahrungsmitteln
unterernährt
nahrhaft

A *Schreibe die passenden Wortformen in den Text!*

Wer gesund bleiben will, muss sich auch um die richtige _____ kümmern. Das ist gar nicht so schwierig: Zurückhalten sollte man sich bei allen _____ , die viel Fett oder Zucker enthalten. Nicht nur in Süßigkeiten ist eine Menge davon, sondern auch in Limonaden und Säften. Dagegen sollte man reichlich Obst und Gemüse verzehren. Die größten Fehler kann man schon vermeiden, wenn man sich möglichst vielseitig_____ .

B *Trage hier noch die übrigen Wörter ein: den **Wortstamm** in die Mitte!*

57 - NUTZ -

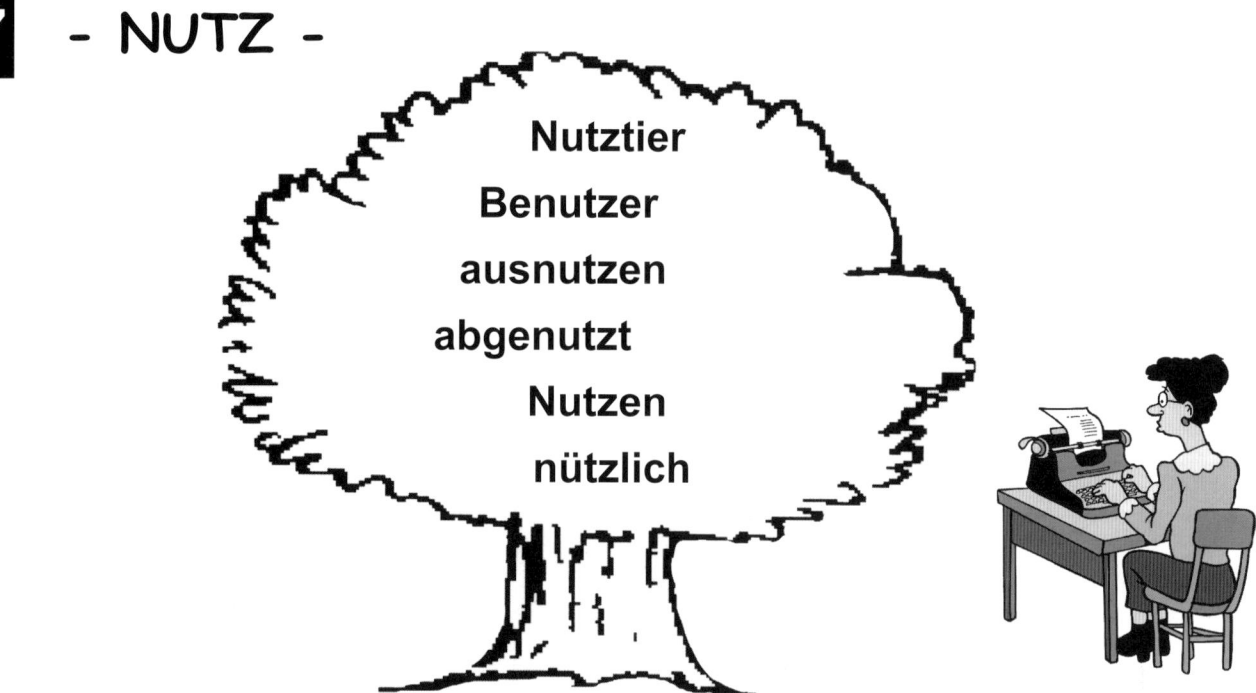

Nutztier
Benutzer
ausnutzen
abgenutzt
Nutzen
nützlich

A Schreibe die passenden Wortformen in den Text!

Michaela schreibt manchmal kleine Briefe auf einer alten Schreibmaschine: ein schweres Ding, welches sie kaum tragen kann. Die Spuren am Gehäuse zeigen, dass diese Maschine wohl schon viele _____ gehabt hat. Manche Buchstaben kann man kaum noch erkennen, so _____ sind die Tasten. Doch all das stört Michaela nicht, denn das Schriftbild ist gut. Und wenn der Computer wieder nicht klappt, ist die Maschine auch für Mutter oder Vater noch _____ .

B Trage hier noch die übrigen Wörter ein: den **Wortstamm** in die Mitte!

58 - PACK -

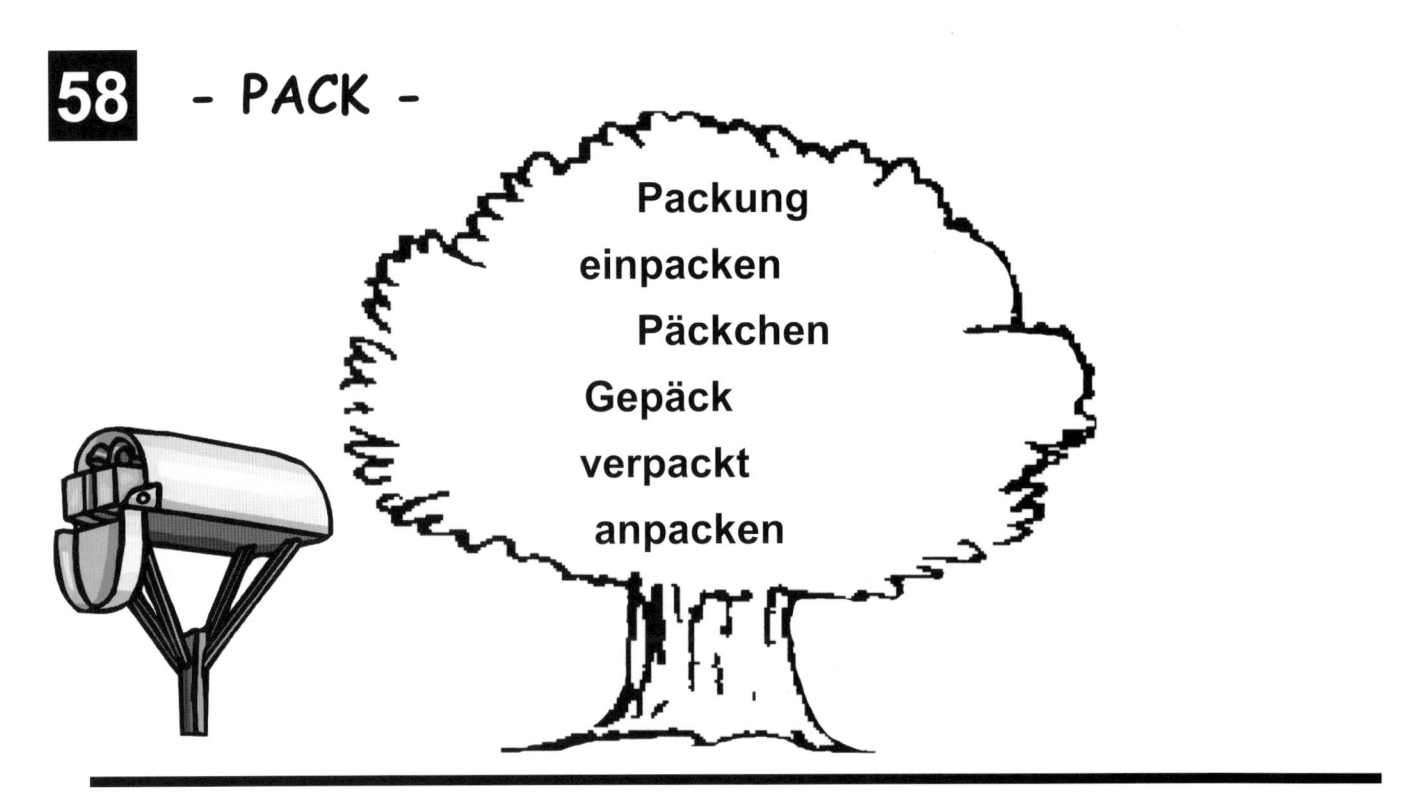

Packung
einpacken
Päckchen
Gepäck
verpackt
anpacken

A Schreibe die passenden Wortformen in den Text!

Mischa hat einen richtig langen Brief an seine Großmutter geschrieben. Den legt er mit in das _____, das er ihr schicken will. Sie hat bald Geburtstag und wird eine große _____ ihrer Lieblings-Kekse bekommen. Auch ein paar Familienfotos aus den letzten Wochen hat Mischa ausgesucht. Auf die Rückseiten schreibt er noch, wo die Aufnahmen entstanden sind. Schließlich _____ er alles sorgfältig zusammen und bringt sein Päckchen selbst zur Post.

B Trage hier noch die übrigen Wörter ein: den **Wortstamm** in die Mitte!

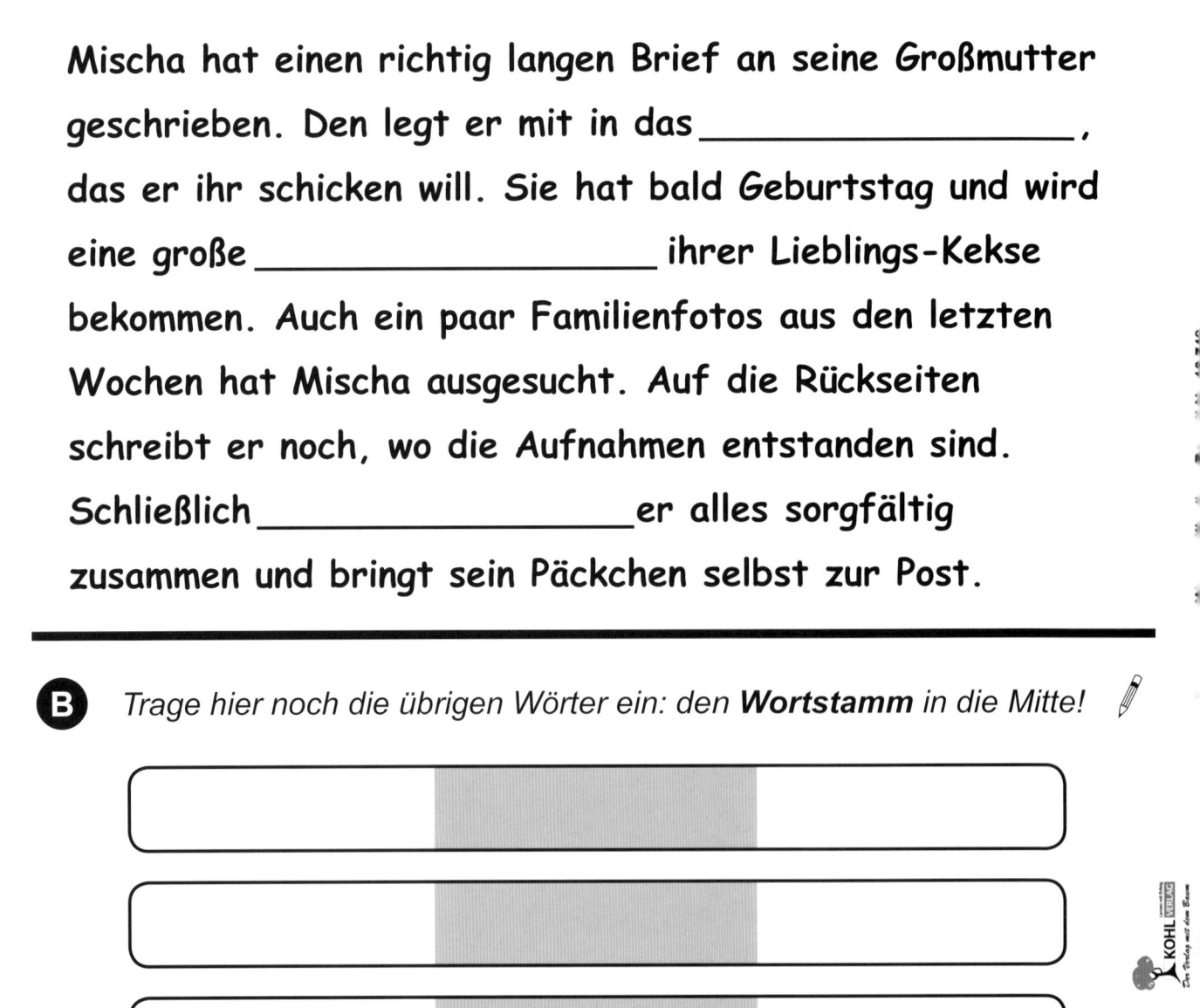

59 - PASS -

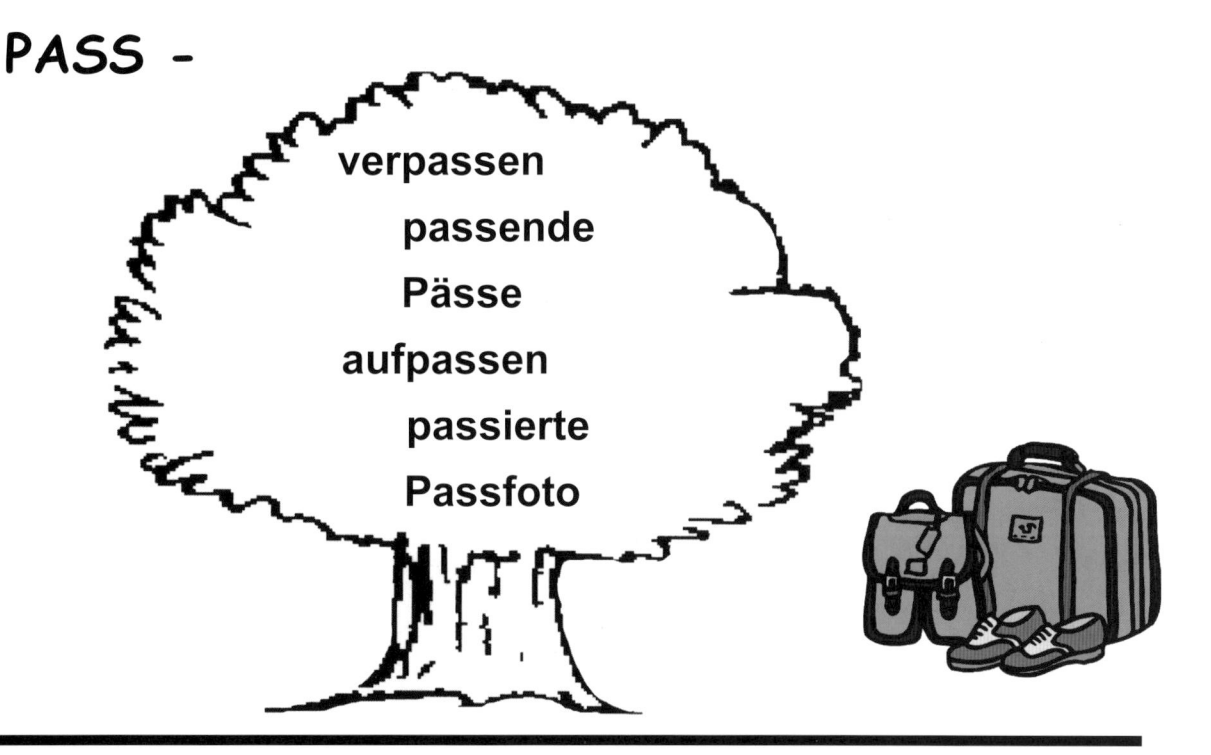

verpassen
passende
Pässe
aufpassen
passierte
Passfoto

A *Schreibe die passenden Wortformen in den Text!*

Sara und Fabian freuen sich sehr auf den Urlaub. Aber die Vorbereitungen fanden sie wieder mal furchtbar: Mehrere Tage überlegte ihre Mutter hin und her, welches denn die _____ Kleidung für den Urlaub wäre. Dann war die Aufregung groß, als ihr Vater merkte, dass zwei _____ nicht mehr lange gültig waren. Und am Tag der Abreise _____ auch noch die Sache mit dem Koffer: Der war nämlich so voll gestopft, dass der Reißverschluss kaputtging.

B *Trage hier noch die übrigen Wörter ein: den **Wortstamm** in die Mitte!*

Seite 67

60 - RAUM -

geräumig
aufzuräumen
Raum
Räumfahrzeug
abräumen
Nebenraum

A Schreibe die passenden Wortformen in den Text!

Wie herrlich ist es, wenn man zum Spielen reichlich _____ hat. Nach einigen Stunden liegt dann aber vieles herum – auf dem Tisch, auf den Stühlen und auf dem Boden. Mancher hat nun keine Lust mehr, das Zimmer_____. So ergeht es heute auch Florian. Er besieht sich gerade sein Durcheinander und fängt an zu träumen: Ach, wäre das schön, wenn gleich ein_____ hereinkäme und einfach alles fortschieben würde ...

B Trage hier noch die übrigen Wörter ein: den **Wortstamm** in die Mitte!

Seite 68

61 - RAUSCH -

rauschte
geräuschvoll
rauschend
Rausch
Geräusche
rauschten

A *Schreibe die passenden Wortformen in den Text!*

Tief im Wald war es herrlich ruhig. Nur die Blätter _____ leise, manchmal zwitscherte auch ein Vogel. Die Kinder setzten sich ins Moos und lauschten. Bald hörten sie noch andere _____: Zweige knackten und ein Wildschwein trat aus dem Gebüsch. Erschrocken drehte es sich um und verschwand wieder. Als die Kinder später aus dem Wald herauskamen, zuckten sie nochmal zusammen, denn ein mächtiger Bussard _____ dicht über ihre Köpfe.

B *Trage hier noch die übrigen Wörter ein: den **Wortstamm** in die Mitte!*

62 - REIS -

abgereist
Reisekoffer
Einreise
Reise
Reisetasche
verreist

A *Schreibe die passenden Wortformen in den Text!*

Schon vor Wochen hatte Familie Jürgens darüber beraten: Die Eltern wollten eine kleine _____ machen und die Kinder zwei Nächte allein lassen. Würde das wohl klappen? Aber klar doch, meinten die Kinder und versprachen, dass sie sich vertragen würden. Nun waren die Eltern also _____. Angela, Jens und Bruno kamen wirklich gut zurecht. Jeder bekam einmal sein Lieblingsessen. Als die Eltern zurückkehrten, fragte Jens sogar: „Und wann _____ ihr wieder?"

B *Trage hier noch die übrigen Wörter ein: den **Wortstamm** in die Mitte!*

63 - Reiß -

zerreißen
reißende
reißfest
einreißen
reißen
abreißen

A *Schreibe die passenden Wortformen in den Text!*

In den Alpen können aus kleinen Bergbächen in wenigen Stunden _____ Flüsse werden: immer, wenn mehr Regen fällt, als der Boden aufnehmen kann. Das tosende Wasser kann Bäume mit sich _____ und Straßen, Brücken oder Häuser beschädigen. Meistens gehen die Fluten zwar schnell zurück. Aber dann erkennt man erst, was sie alles angerichtet haben. Manchmal sind Häuser derart schwer beschädigt worden, dass man sie nur noch _____ kann.

B *Trage hier noch die übrigen Wörter ein: den **Wortstamm** in die Mitte!*

64 - RISS -

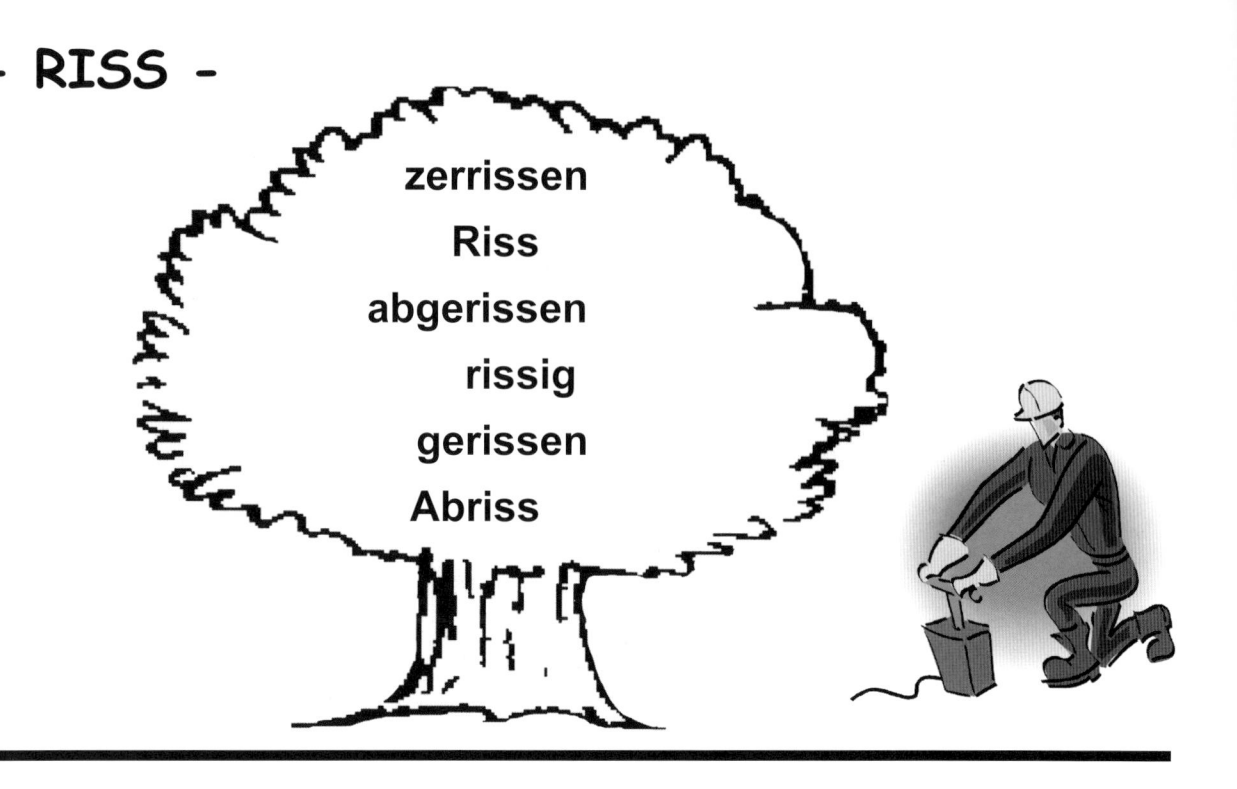

zerrissen
Riss
abgerissen
rissig
gerissen
Abriss

A *Schreibe die passenden Wortformen in den Text!*

Es wurde wirklich höchste Zeit, dass die alte Fabrik endlich _____ wurde: Das Dach war eingestürzt, Türen und Fenster fehlten und über die Vorderwand lief ein tiefer _____. Die Bagger waren bloß ein paar Tage im Einsatz, dann war von dem Gebäude kaum etwas übrig. Zum Schluss gab es noch eine Panne: Weil ein Bagger ein Kabel aus dem Boden _____ hatte, fiel in der Umgebung der Strom aus. Erst am Abend war der Schaden behoben.

B *Trage hier noch die übrigen Wörter ein: den **Wortstamm** in die Mitte!*

65 - RUH -

unruhig
ausgeruht
Ruhezeit
Unruhe
Nachtruhe
beruhigen

A *Schreibe die passenden Wortformen in den Text!*

Vor Klassenarbeiten und anderen Prüfungen ist richtige _____ sehr wichtig. Wer bis zuletzt noch übt und nicht _____ ist, kann keinen „klaren Kopf" behalten. Die folgende Übung kann einem dabei helfen: Langsam ausatmen, ganz tief – kurz warten, dann sehr langsam einatmen, bis nichts mehr geht – Luft noch etwas anhalten und langsam wieder ausatmen; das Ganze einige Male wiederholen. Häufig ist dies eine gute Hilfe, um sich zu _____.

B *Trage hier noch die übrigen Wörter ein: den **Wortstamm** in die Mitte!*

Seite 73

66 - SAMM -

Versammlung
zusammen
Kleidersammlung
sammelt
einsammeln
Sammlung

A Schreibe die passenden Wortformen in den Text!

Sören _____ seit langem Briefmarken. Es sind viele aus fernen Ländern dabei. Inzwischen kann Sören schon japanische und chinesische Schrift unterscheiden. Von seinem Großvater hat er neulich eine kleine _____ Briefmarken bekommen. Bei vielen weiß er jedoch nicht, woher sie stammen und wie alt sie sind. Mit seiner Schwester versucht er das herauszubekommen: _____ suchen sie die Länder auf dem Globus oder im Atlas und sehen im Lexikon nach.

B Trage hier noch die übrigen Wörter ein: den **Wortstamm** in die Mitte!

67 - SATZ -

zusätzlich
Gegensätze
Aufsatz
Satzzeichen
Absatz
Ersatzrad

A *Schreibe die passenden Wortformen in den Text!*

Arne und Björn atmeten auf: Fast eine Stunde hatten sie an dem _____ über ihre Kaninchen geschrieben, dazu alles, was man bei der Tierhaltung beachten muss. Arne las den ganzen Text nochmal vor und Björn meinte: „Ja, es ist gut so." „Aber da fehlen einige _____", sagte Arne. Er trug sie noch ein und druckte den Text aus. Sie suchten dann auch Fotos von ihren Kaninchen heraus, die sie den anderen in der Klasse _____ zeigen wollten.

B *Trage hier noch die übrigen Wörter ein: den **Wortstamm** in die Mitte!*

Seite 75

68 - SCHAD -

Schaden
Blechschaden
Beschädigung
schädlich
schadhafte
beschädigt

A Schreibe die passenden Wortformen in den Text!

Das hätte auch schiefgehen können. Der Baggerführer war noch blass von dem Schreck. Denn er hatte im Boden eine Gasleitung getroffen. Wie es schien, war sie nur äußerlich _____. Trotzdem mussten die Bauarbeiten für einige Stunden unterbrochen werden. Man holte Fachleute herbei, welche die_____Stelle gründlich untersuchten. Tatsächlich wurde kein ernster _____ festgestellt. Der Baggerführer durfte darum weiterarbeiten.

B Trage hier noch die übrigen Wörter ein: den **Wortstamm** in die Mitte!

69 - SCHAFF -

verschaffen
Anschaffungen
geschafft
Beschaffenheit
abschaffen
wegschaffen

A *Schreibe die passenden Wortformen in den Text!*

Familie Henkel hat endlich ihre neue Wohnung bezogen. Bis es so weit war, gab es eine Menge zu tun. Allein die vielen Ausbesserungen dauerten einen Monat, denn sie machten das meiste selbst. Danach mussten sie Reste und Abfälle _____. Besonders für die Küche waren noch einige_____ nötig. Jetzt sind alle in der Familie froh, dass sie den Umzug_____ haben. Am Wochenende wird es eine kleine Feier mit den neuen Nachbarn geben.

B *Trage hier noch die übrigen Wörter ein: den **Wortstamm** in die Mitte!*

70 - SCHATZ -

schätzen
Goldschatz
Schätzchen
Schatzräuber
sich verschätzen
Wortschatz

A *Schreibe die passenden Wortformen in den Text!*

Unter einem Schatz kann man sich etwas vorstellen, zum Beispiel einen Haufen von Goldmünzen. Über Schatzfunde oder _____ gibt es ja viele Geschichten. Aber was ist bloß ein Wortschatz? Damit meint man eine Menge von Wörtern. Erwachsene benutzen Tausende verschiedener Wörter und noch mehr können sie verstehen. Das ist ihr _____. Und wie viele Wörter gibt es im Deutschen insgesamt? Die Fachleute _____, dass es über 300000 sind.

B *Trage hier noch die übrigen Wörter ein: den **Wortstamm** in die Mitte!*

71 - SCHIEB -

verschieben
Schiebetür
schiebt
aufschieben
Schneeschieber
anzuschieben

A Schreibe die passenden Wortformen in den Text!

Als Leo früh am Morgen den Vorhang zur Seite

_____, sieht er, dass es in der Nacht

geschneit hat. „Vielleicht kann ich heute Schlitten fahren",

freut er sich. Leo kleidet sich an, holt den

_____ und räumt den Weg vor dem

Haus. Nun schmeckt das Frühstück richtig gut. Als er

dann zur Schule geht, schneit es immer weiter. Einem

Autofahrer kann Leo noch helfen, den rutschenden

Wagen _____.

B Trage hier noch die übrigen Wörter ein: den **Wortstamm** in die Mitte!

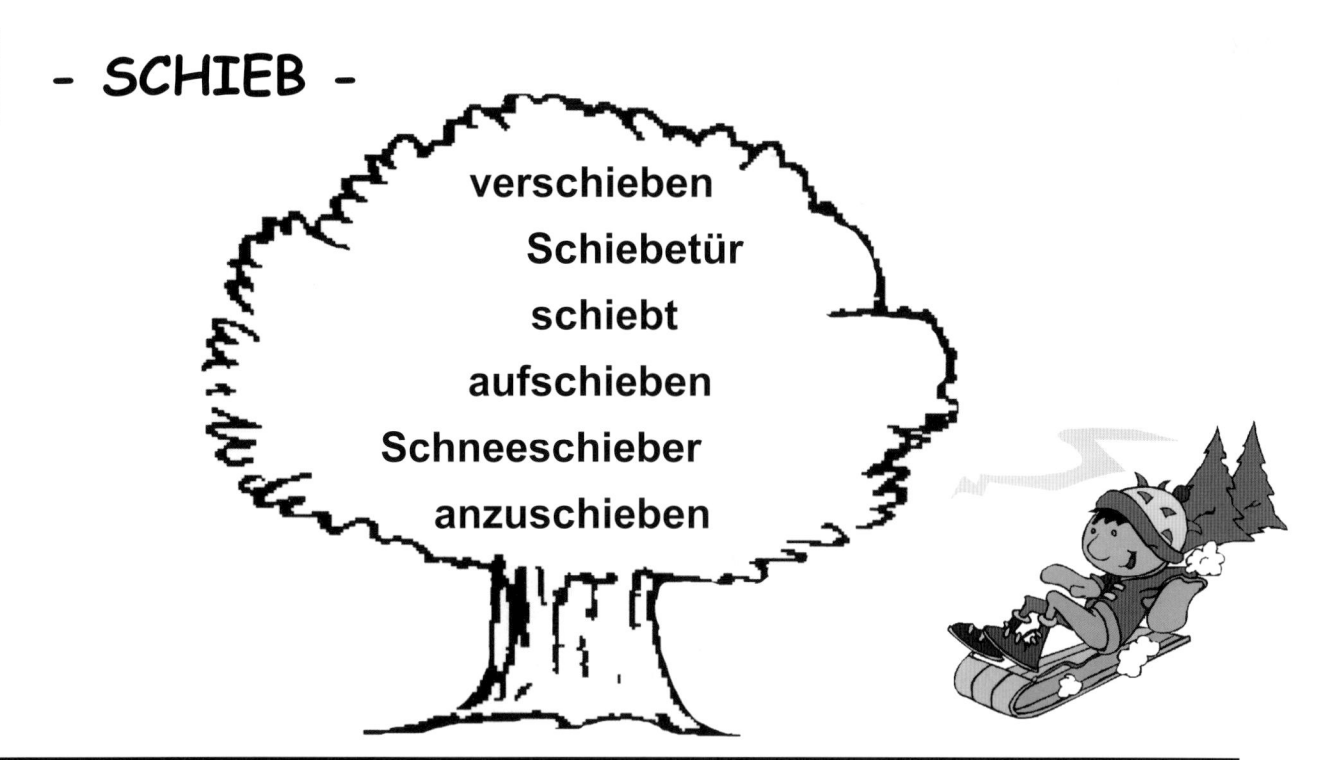

Seite 79

72 - SCHIED -

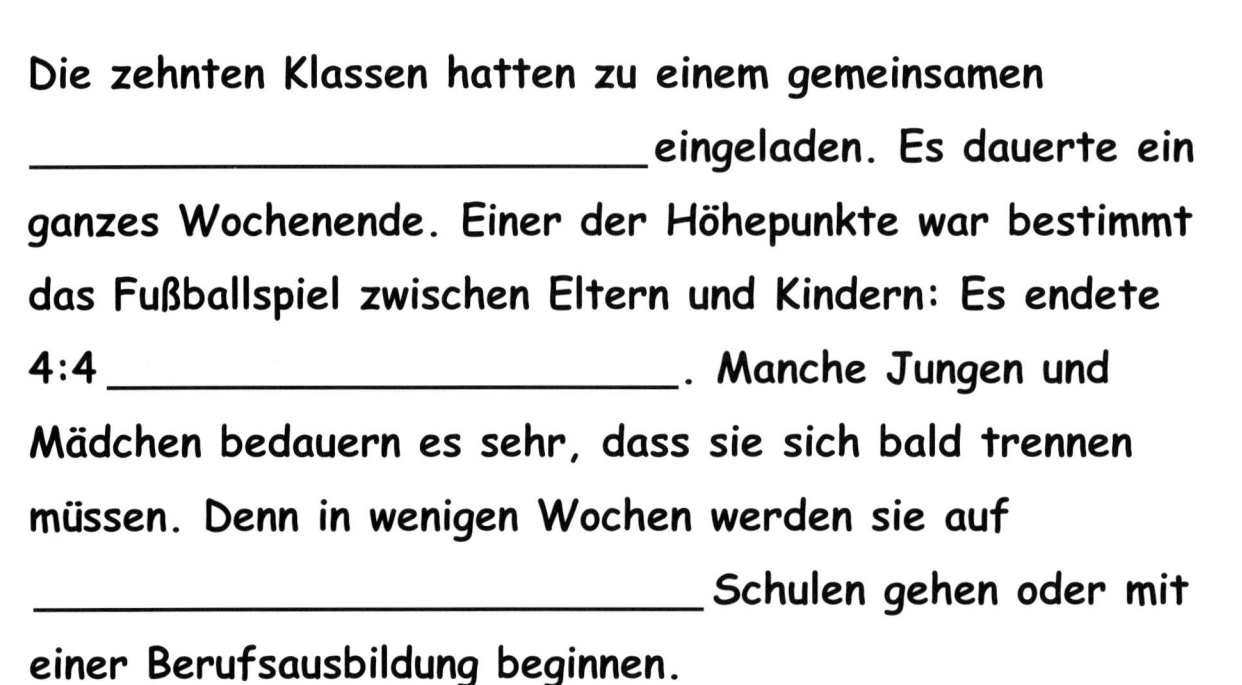

- verabschieden
- verschiedene
- ausgeschieden
- Abschiedsfest
- Schiedsrichter
- unentschieden

A *Schreibe die passenden Wortformen in den Text!*

Die zehnten Klassen hatten zu einem gemeinsamen _____ eingeladen. Es dauerte ein ganzes Wochenende. Einer der Höhepunkte war bestimmt das Fußballspiel zwischen Eltern und Kindern: Es endete 4:4 _____. Manche Jungen und Mädchen bedauern es sehr, dass sie sich bald trennen müssen. Denn in wenigen Wochen werden sie auf _____ Schulen gehen oder mit einer Berufsausbildung beginnen.

B *Trage hier noch die übrigen Wörter ein: den **Wortstamm** in die Mitte!*

73 - SCHLAG -

aufschlagen
Umschlag
Schläger
Vorschlag
Schlägerei
schlagen

A *Schreibe die passenden Wortformen in den Text!*

Susanne hatte ihre Freundin Jenny ermuntert: „Komm doch mal mit zum Tennis." Einige Tage darauf stand Jenny schon auf dem Platz und wunderte sich, wie groß der _____ war. Susanne zeigte ihr, wie man ihn halten muss. Dann versuchte Jenny, einige Bälle zu _____. Die meisten gingen ins Netz und bald begann ihr Arm wehzutun. Trotzdem machte es ihr richtig Spaß. Als sie den Platz verließen, sagte sie zu Susanne: „Das war ein guter _____."

B *Trage hier noch die übrigen Wörter ein: den **Wortstamm** in die Mitte!*

74 - Schließ -

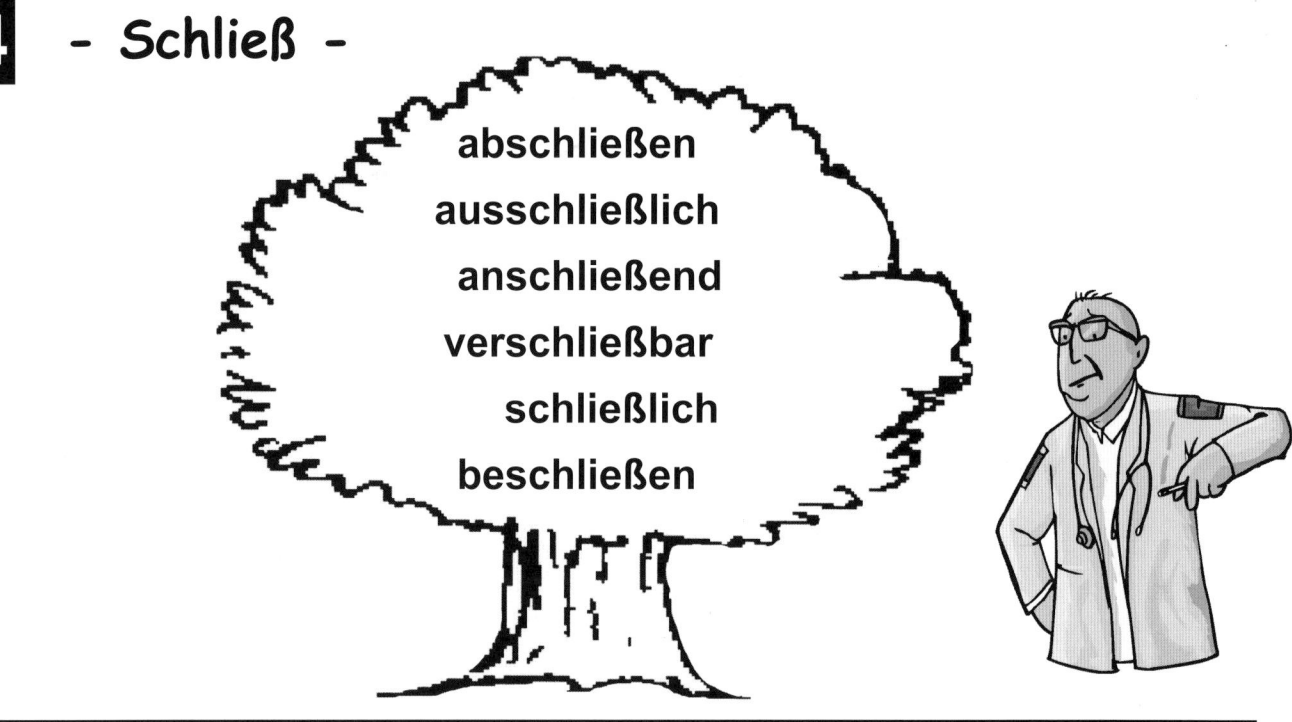

abschließen
ausschließlich
anschließend
verschließbar
schließlich
beschließen

A *Schreibe die passenden Wortformen in den Text!*

Zum Schulfest waren viele Eltern und Kinder gekommen. Sie hatten eine Menge Spaß bei den Vorführungen und Spielen. Mancher wäre auch gerne noch länger geblieben. Doch _____ kam der Hausmeister und erinnerte daran, dass es Zeit zum Aufräumen war. Dies war schnell geschafft, weil viele mit anpackten. _____ ging der Hausmeister nochmal herum und kontrollierte alle Räume. Dann konnte er _____ und hatte Feierabend.

B *Trage hier noch die übrigen Wörter ein: den **Wortstamm** in die Mitte!*

Seite 82

75 - SCHLOSS -

- Türschloss
- ausgeschlossen
- Zahlenschloss
- beschlossen
- abgeschlossen
- Schlosshof

A *Schreibe die passenden Wortformen in den Text!*

Till freut sich, dass er endlich wieder ein Fahrrad besitzt. Sein altes wurde nämlich gestohlen, als er es mal nicht _____ hatte. Er hat sich eine dicke Kette gekauft, welche er nun immer benutzt. Die sichert er mit einem_____. Seine Schwester fragt ihn schon mal nach der Zahlenkombination. „Und was ist, wenn du die Zahl vergisst?", neckt sie ihn. Aber er lässt sich nicht aus der Ruhe bringen: „Das ist völlig _____!"

B *Trage hier noch die übrigen Wörter ein: den **Wortstamm** in die Mitte!*

76 - SCHNITT -

Abschnitt
ausgeschnittenen
Haarschnitt
Schnittlauch
Durchschnitt
Schnitte

A *Schreibe die passenden Wortformen in den Text!*

Arno kam zum Frühstück herein, aß aber nur schnell eine

_____ Brot. Dann griff er schon

nach der Zeitung. Er wollte sehen, ob er etwas über

die Schulabgänger fand. Sogleich entdeckte auf dem Tisch

einen _____ Text liegen: Ja, das war

der Bericht! Seine Schwester Sabine hatte nämlich gerade

den Abschluss der 10. Klasse geschafft. Und im letzten

_____ des Berichts fand Arno dann

auch die Namen der Abgänger.

B *Trage hier noch die übrigen Wörter ein: den **Wortstamm** in die Mitte!*

Seite 84

77 - SCHREIB -

Beschreibung
Schreibtisch
aufzuschreiben
Rechtschreibung
Schreibblock
vorschreiben

A *Schreibe die passenden Wortformen in den Text!*

Wilko ist dabei, _____, was seine Mutter diktiert. Er soll mit Anna einkaufen. Als die beiden vor dem Laden stehen, fragt Wilko: „Hast du die Liste?" – „Ich dachte, du hast sie." – „Dann muss sie noch auf dem _____ liegen." Sie überlegen gemeinsam, was sie besorgen sollten. Wieder zu Hause, vergleichen sie die gekauften Sachen mit der Liste auf dem _____. Nur den Senf haben sie vergessen. „Sind wir nicht gut?", meint Anna.

B *Trage hier noch die übrigen Wörter ein: den **Wortstamm** in die Mitte!*

78 - SCHUTZ -

geschützte
schutzlos
schützen
Naturschutzgebiet
Schutzhelm
beschützt

A *Schreibe die passenden Wortformen in den Text!*

In einem _____ versucht man, die Natur sich selbst zu überlassen. Aber kleine Eingriffe sind schon mal nötig, um die Menschen zu _____ , die es besuchen dürfen. Dabei müssen sie immer auf den Wegen bleiben, sich ruhig verhalten und dürfen nichts anrühren. Auch außerhalb solcher Gebiete ist es verboten, dass man _____ Tiere oder Pflanzen mitnimmt, Blüten oder Früchte abpflückt.

B *Trage hier noch die übrigen Wörter ein: den **Wortstamm** in die Mitte!*

79 - SCHWIND -

Schwindel
schwindelig
geschwind
Geschwindigkeit
Schwindler
verschwindet

A *Schreibe die passenden Wortformen in den Text!*

In einer halben Stunde wird der Aussichtsturm geschlossen. Da treffen noch ein paar Leute ein, die hinauf wollen. Sie steigen _____ die enge Wendeltreppe empor, so dass sie oben außer Puste sind. Aber es hat sich gelohnt: Hier hat man eine wunderbare Aussicht. Einer traut sich nicht, direkt nach unten zu blicken, weil ihm leicht _____ wird. Sie bleiben noch, bis die Sonne hinter dem Horizont _____, und steigen wieder hinab.

B *Trage hier noch die übrigen Wörter ein: den **Wortstamm** in die Mitte!*

80 - SEH -

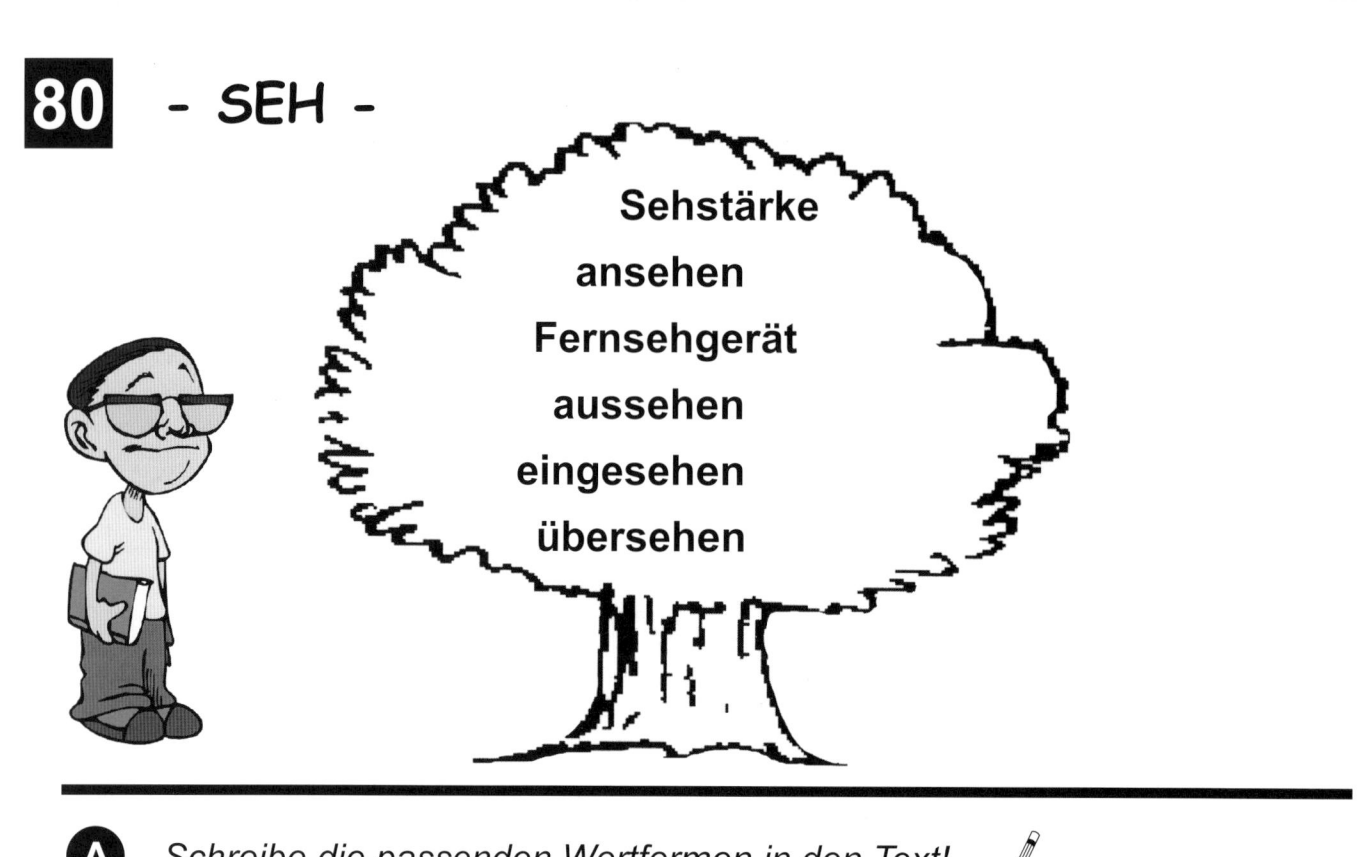

Sehstärke
ansehen
Fernsehgerät
aussehen
eingesehen
übersehen

A *Schreibe die passenden Wortformen in den Text!*

Wenn Jakob vor dem _____ saß, rückte er möglichst nah heran. Seiner Mutter kam das verdächtig vor. „Wir sollten mal zur Augenärztin gehen und deine _____ testen lassen", sagte sie. Tatsächlich stellte dann die Ärztin fest, dass Jakob eine Brille brauchte. Das passte ihm erst gar nicht. „Wie soll das denn aussehen?", schimpfte er. Aber nach einigen Tagen Gewöhnung hat Jakob schließlich doch _____, dass es so besser war.

B *Trage hier noch die übrigen Wörter ein: den **Wortstamm** in die Mitte!*

Seite 88

81 - SELB -

- selber
- dasselbe
- selbsttätig
- selbstbewusst
- selbst
- Selbstlaut

A *Schreibe die passenden Wortformen in den Text!*

Tanja und Sofia haben am _____ Tag Geburtstag, sie sind Zwillinge. Das erkennt man erst auf den zweiten Blick. Denn sie machen es nicht wie viele andere Zwillinge, die oft _____ anziehen. Wer Tanja und Sofia genauer kennt, weiß auch, dass sie sich deutlich unterscheiden. Denn Tanja ist laut und lebhaft, manchmal auch aufbrausend. Sofia dagegen ist recht _____ und normalerweise ruhiger und geduldiger als ihre Schwester.

B *Trage hier noch die übrigen Wörter ein: den **Wortstamm** in die Mitte!*

82 - SETZ -

- setzen
- Gesetz
- entsetzlich
- besetzt
- aussetzen
- Versetzung

A *Schreibe die passenden Wortformen in den Text!*

Bei Familie Schulz gab es wieder mal einen Spieleabend mit allen drei Kindern. Bei den ersten Spielen hatte Maxi nur Pech: Entweder kam er auf Felder, die von anderen _____ waren, oder er zog eine Karte, mit der er _____ musste. Sein Bruder Chris gewann sogar insgesamt vier Spiele. Schließlich machten sie noch ein Ratespiel und Maxi fing an zu strahlen. Hier konnte er sich an die Spitze _____, denn meistens wusste er als Erster eine Antwort.

B *Trage hier noch die übrigen Wörter ein: den **Wortstamm** in die Mitte!*

83 - SIEG -

besiegt
Siegerin
Heimsieg
Siegerehrung
siegessicher
siegreich

A Schreibe die passenden Wortformen in den Text!

Alle in Manuelas Mannschaft fühlten sich am Anfang sehr _____: Sie würden den ersten Platz in der Schulmeisterschaft erreichen. Aber im Turnier merkten sie bald, dass sie es sich viel zu leicht vorgestellt hatten. Gleich im ersten Spiel wurden sie nämlich _____. Immerhin kamen sie noch in die Endrunde. Doch zum Schluss reichte es nur für den blöden vierten Platz. Enttäuscht und schlecht gelaunt verfolgten sie die _____.

B Trage hier noch die übrigen Wörter ein: den **Wortstamm** in die Mitte!

84 - SINN -

Unsinn
leichtsinnig
sinnvoll
Besinnung
besinnungslos
sich entsinnen

A Schreibe die passenden Wortformen in den Text!

Bei seinen Kletterübungen war Andreas gestürzt. Für einen Moment hatte er sogar die _____ verloren. Er wurde ins Krankenhaus gebracht. Als man ihn da nach dem Hergang des Unfalls fragte, konnte er sich nicht _____. „Es könnte eine Gehirnerschütterung sein", erklärte der Krankenpfleger, „wir müssen dich noch hierbehalten." Andreas schimpfte: „Was soll der _____? Mir tut doch gar nichts weh!" Aber er musste zur Untersuchung bleiben.

B Trage hier noch die übrigen Wörter ein: den **Wortstamm** in die Mitte!

85 - SITZ -

Sitzplatz
Besitz
sie besitzt
sitzen
Kindersitz
Sitzung

A *Schreibe die passenden Wortformen in den Text!*

Linda _____ einige Haustiere, mit denen sie sich stundenlang beschäftigt. Besonders gerne lässt sie ihre Wellensittiche fliegen. Oft bleiben die beiden hoch oben auf dem Kleiderschrank, während Linda die Hausaufgaben macht. Von ihrem _____ aus hat sie dann die Vögel genau im Blick. Doch auch im Käfig fühlen sich die Wellensittiche offenbar wohl – besonders wenn sie dicht nebeneinander auf der Stange _____ und „schnäbeln".

B *Trage hier noch die übrigen Wörter ein: den **Wortstamm** in die Mitte!*

86 - SORG -

Sorge
versorgen
unbesorgt
sorgfältig
besorgen
sorgenvoll

A Schreibe die passenden Wortformen in den Text!

Die Breuers von nebenan konnten _____
in Urlaub fahren. Sie haben nämlich Karsten gebeten,
die Pflanzen und das Aquarium zu _____.
Das macht er sehr gerne. Jeden Nachmittag geht er also
hinüber in die Nachbarwohnung, gießt die Blumen und
füttert die Fische. Hierfür muss er sich etwas Zeit
lassen. Denn er darf ihnen nicht mehr geben, als sie
gleich fressen können. Und er achtet_____
darauf, dass auch die kleinen Fische Futter abbekommen.

B Trage hier noch die übrigen Wörter ein: den **Wortstamm** in die Mitte!

87 - SPANN -

entspannen
spannend
aufspannen
Hochspannung
angespannt
Spannung

A *Schreibe die passenden Wortformen in den Text!*

Die Lehrerin las den Kindern eine Geschichte vor. Alle in der Klasse lauschten _____. In dem Text ging es um zwei Kinder, die mit ihrem Schlauchboot auf dem See sind, als ein Unwetter losbricht. Leider war gerade die Stunde zu Ende, als die Geschichte besonders _____ wurde. „Wie geht es denn nun weiter?", wollten einige Kinder wissen. Aber die Lehrerin sagte: „Das erfahrt ihr erst morgen. Ich will euch doch die _____ nicht nehmen."

B *Trage hier noch die übrigen Wörter ein: den **Wortstamm** in die Mitte!*

Seite 95

88 - SPIEL -

Beispiel
verspielt
Spielzeug
Kartenspiel
Spielsachen
mitspielen

A Schreibe die passenden Wortformen in den Text!

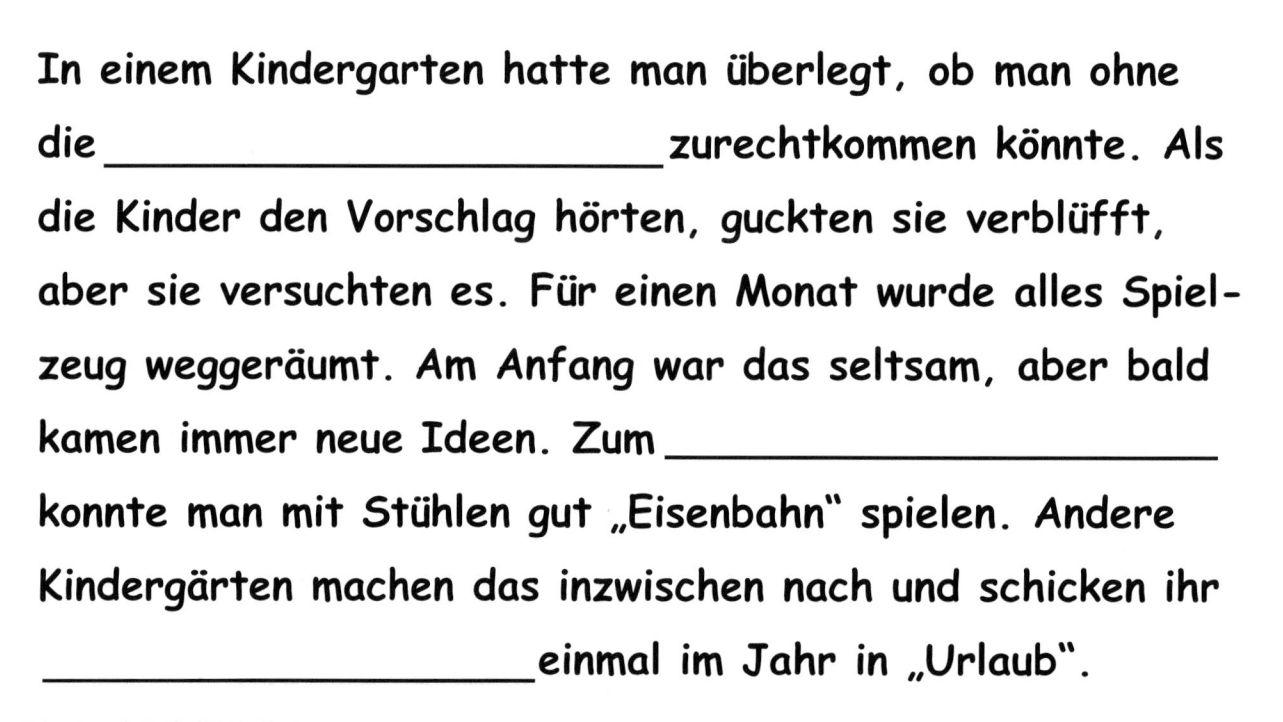

In einem Kindergarten hatte man überlegt, ob man ohne die _____ zurechtkommen könnte. Als die Kinder den Vorschlag hörten, guckten sie verblüfft, aber sie versuchten es. Für einen Monat wurde alles Spielzeug weggeräumt. Am Anfang war das seltsam, aber bald kamen immer neue Ideen. Zum _____ konnte man mit Stühlen gut „Eisenbahn" spielen. Andere Kindergärten machen das inzwischen nach und schicken ihr _____ einmal im Jahr in „Urlaub".

B Trage hier noch die übrigen Wörter ein: den **Wortstamm** in die Mitte!

89 - SPITZ -

Baumspitzen
Spitzenplatz
anspitzen
Fingerspitze
Spitzentempo
Spitzmaus

A Schreibe die passenden Wortformen in den Text!

Mäuse kommen fast überall vor und man kennt sehr viele Arten. Gewöhnlich ist ihr Kopf rundlich, doch wie der Name sagt, hat die _____ eine lange, spitze Schnauze. Die meisten Mäuse leben auf dem Boden oder unter der Erde, etwa die Waldmäuse und die Wühlmäuse. Besonders flink sind die Springmäuse, aber das _____ erreichen die Rennmäuse. Manche Mäuse können geschickt klettern, die Haselmäuse sogar bis in die _____ .

B Trage hier noch die übrigen Wörter ein: den **Wortstamm** in die Mitte!

90 - STAMM -

stämmig
Stammplatz
abstammen
Stammbaum
Baumstämmen
Abstammung

A Schreibe die passenden Wortformen in den Text!

Wenn es dunkel wird, werden die Wildschweine richtig munter. Erst dann finden sie sich nach und nach an ihrem _____ ein. Dort können sie sich im Schlamm wälzen und sich an _____ scheuern. Auf diese Weise werden sie all das Ungeziefer los, das bei ihnen im Fell sitzt. Wenn sie gestört werden, sind diese stämmigen Tiere blitzschnell verschwunden. Da fällt es schwer zu glauben, dass unsere Hausschweine von ihnen _____ .

B Trage hier noch die übrigen Wörter ein: den **Wortstamm** in die Mitte!

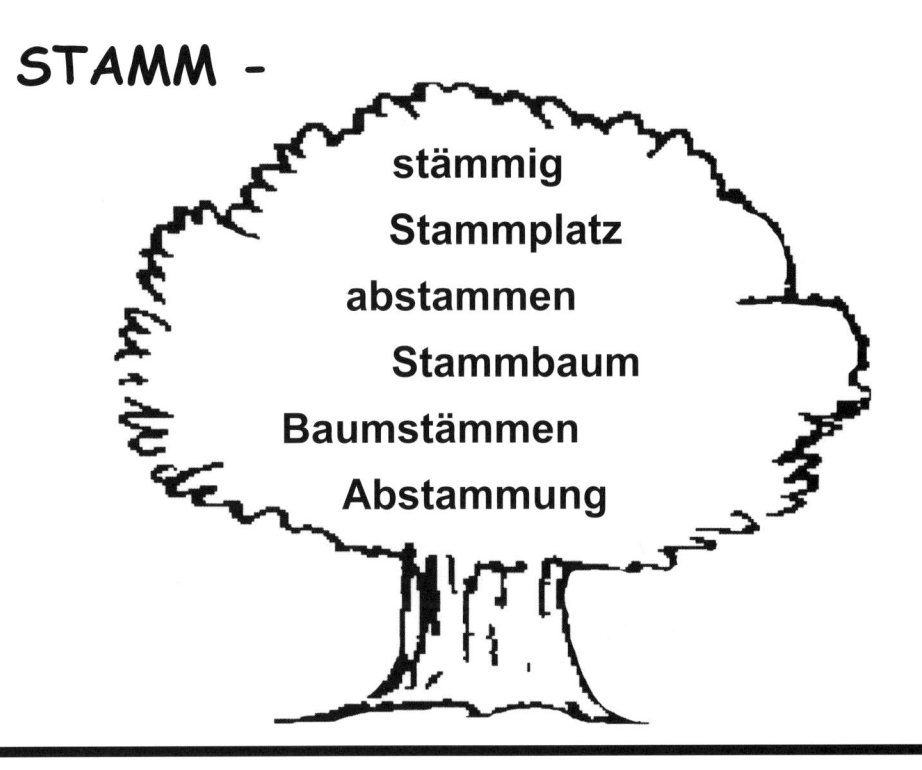

Seite 98

91 - STAND -

Abstand
umständlich
Verstand
einverstanden
stand
ständig

A *Schreibe die passenden Wortformen in den Text!*

Christian saß schon eine Weile an den Hausaufgaben. Er hatte eine Spielanleitung geschrieben, war damit aber nicht zufrieden. Er _____ auf und zeigte den Text seiner Schwester Sabrina, die ihn sich aufmerksam durchlas. Sie meinte: „Ja, das Ganze ist wirklich zu _____." Gemeinsam überarbeiteten sie den Text. Schließlich schlug Sabrina vor: „Am besten schreibst du alles nochmal." Christian war _____ und ging an die Arbeit.

B *Trage hier noch die übrigen Wörter ein: den **Wortstamm** in die Mitte!*

92 - STATT -

gestattet
Werkstatt
Gaststätte
bestatten
stattliche
Ausstattung

A Schreibe die passenden Wortformen in den Text!

In den Ferien konnten Lea und Pino eine Glasbläserei besichtigen. Draußen neben der _____ sahen sie schon einen Berg von alten Flaschen und Gläsern. Für Besucher war der Eintritt _____, aber sie mussten hinter der Absperrung bleiben. Da konnten sie erleben, wie aus einem Klumpen von flüssigem Glas alles Mögliche entstehen kann. Auch in den Regalen sahen sie eine _____ Menge von Vasen, Kerzenhaltern, Figuren und anderen Artikeln aus Glas.

B Trage hier noch die übrigen Wörter ein: den **Wortstamm** in die Mitte!

93 - STAUB -

abstauben
zugestaubt
Staubtuch
bestäuben
Staubsauger
staubige

A *Schreibe die passenden Wortformen in den Text!*

Cordula und Jens stiegen zum Dachboden hinauf und waren gespannt, was sie finden würden. Dort standen mehrere Kisten, die völlig _____ waren. Darum sagte Jens sofort: „Ich hole uns besser mal den _____." Und was fanden sie später in den Kisten? Einen alten Grill, ein Paar Tennisschläger, Werkzeuge und eine Menge Kleinkram. Nun öffneten sie die letzte Kiste. Doch wieder wurden sie enttäuscht, denn darin waren nur _____ Akten.

B *Trage hier noch die übrigen Wörter ein: den **Wortstamm** in die Mitte!*

94 - STECK -

Besteck
anstecken
Stecknadel
zusammenstecken
er steckte
Versteck

A *Schreibe die passenden Wortformen in den Text!*

Stefan war mit seinem Puzzle beschäftigt. Gerade wollte er die letzten Teile _____, als er es bemerkte. – Es fehlten drei Stück. Stefan suchte den Boden ab, schob Tische und Stühle beiseite. Er leerte sogar den Papierkorb aus. Es war wie die Suche nach einer _____ im Heuhaufen. „Erstmal ein Kaugummi", dachte er. Und als er die Hand in die Hosentasche _____, da spürte er sie: die drei Puzzleteile! Oh, wie blöd er doch war!

B *Trage hier noch die übrigen Wörter ein: den **Wortstamm** in die Mitte!*

Seite 102

95 - STEH -

verstehen
hervorstehen
Stehplatz
aufstehen
bevorstehende
überstehen

A Schreibe die passenden Wortformen in den Text!

Um drei Uhr, mitten in der Nacht, müssen die Kinder schon _____. Denn spätestens um fünf soll es losgehen. Sie sind viel zu müde, um sich auf die _____ Reise zu freuen. Immerhin verläuft die Fahrt ohne Schwierigkeiten, so dass sie bereits am Vormittag in Holland sind. Bald haben sie den Campingplatz erreicht. Hier kennen sie sich seit Jahren gut aus. Auch manche niederländischen Wörter _____ und sprechen sie schon.

B Trage hier noch die übrigen Wörter ein: den **Wortstamm** in die Mitte!

96 - STEIG -

- umsteigen
- Steigbügel
- ansteigend
- aufzusteigen
- Bergsteiger
- absteigen

A *Schreibe die passenden Wortformen in den Text!*

Paul möchte auch mal gerne auf einem Pferd sitzen. Seine Schwester Nina ermutigt ihn nochmal und hält ihm den _____. Erst beim dritten Versuch gelingt es ihm _____. „Halte dich hier gut fest", sagt Nina und führt das Tier locker am Zügel. Das Pferd trottet brav voran und Paul fühlt sich immer sicherer. Es macht ihm Spaß. Nach einer Weile sagt Nina: „Jetzt solltest du _____!" Doch Paul bettelt: „Noch ein paar Runden, bitte!"

B *Trage hier noch die übrigen Wörter ein: den **Wortstamm** in die Mitte!*

97 - STELL -

Gestell
Bestellschein
Vorstellung
hergestellt
verstellbar
ausgestellt

A *Schreibe die passenden Wortformen in den Text!*

In der Schule findet eine Projektwoche statt. Heute geht sie zu Ende und alle können sehen, woran in den letzten Tagen gearbeitet wurde: In den Klassenräumen haben die Schüler ihre Ergebnisse _____.
Jessicas Gruppe hat aus Holz und Pappe kleine Modelle _____. Sie zeigen, wie man in fremden Ländern wohnt. Sven und viele andere üben noch zum letzten Mal für ihre große _____ mit Musik, Tanz und Akrobatik.

B *Trage hier noch die übrigen Wörter ein: den **Wortstamm** in die Mitte!*

98 - STIEG -

gestiegen
Abstieg
eingestiegen
bestiegen
stiegen
Aufstieg

A Schreibe die passenden Wortformen in den Text!

Kaum war Veit in die Gondel _____,
da wäre er am liebsten umgekehrt. Zu spät: Die Seilbahn
setzte sich in Bewegung. Schnell ging es empor. Bald kam
schon die Bergstation in Sicht und dann hatten sie wieder
festen Boden unter den Füßen. Gerade trafen Bergsteiger
ein, die den Gipfel _____ hatten.
Wunderschön war es hier oben! Aber Veit und seine Gruppe
machten sich für den _____ bereit,
für den sie über zwei Stunden brauchen würden.

B Trage hier noch die übrigen Wörter ein: den **Wortstamm** in die Mitte!

99 - STIMM -

bestimmt
Stimmung
abstimmen
bestimmen
Stimmgabel
Stimme

A *Schreibe die passenden Wortformen in den Text!*

Zu Martinas Geburtstag waren sieben Kinder gekommen. Mehr hätten in der Wohnung bestimmt keinen Platz gehabt. Leider konnten sie nicht rausgehen, weil es die ganze Zeit regnete. Trotzdem hatten sie viel zu lachen und die _____ war sehr gut. Nur einmal gab es Ärger, weil Martina allein _____ wollte. Ihre kreischende _____ war durchs ganze Haus zu hören. Immerhin gelang es den anderen, Martina bald wieder zu beruhigen.

B *Trage hier noch die übrigen Wörter ein: den **Wortstamm** in die Mitte!*

100 - Stoß -

Verstoß
Strafstoß
aufstoßen
Stoßdämpfer
umgestoßen
Anstoß

A *Schreibe die passenden Wortformen in den Text!*

Beim _____ dachten noch alle in Kais Mannschaft, dass sie wohl haushoch verlieren würden. Denn vier ihrer wichtigsten Spieler fehlten heute. Aber es kam anders. Denn bis zur 50. Minute war noch kein Tor gefallen, als Thomas im Strafraum _____ wurde. Ohne zu zögern zeigte der Schiedsrichter auf den Elfmeterpunkt. Kai sollte den Ball schießen. Und nach dem _____ stand es 1:0. Mit viel Glück konnten sie dieses Ergebnis bis zum Schlusspfiff halten.

B *Trage hier noch die übrigen Wörter ein: den **Wortstamm** in die Mitte!*

101 - STRECK -

Wegstrecke
ausgestreckt
gestreckt
streckenweise
herausstreckte
Laufstrecke

A *Schreibe die passenden Wortformen in den Text!*

Britta und Falco lagen _____ auf der Wiese und beobachteten eine Schnecke. Sie waren gespannt, wie lange die wohl für 50 Zentimeter Weg brauchte. Falco tupfte sie mit einem Hölzchen an, um sie anzutreiben. Stattdessen verkroch sie sich in ihr Haus und es dauerte eine Weile, bis sie die Fühler wieder _____. Die Kinder mussten noch vier Minuten abwarten, dann hatte die Schnecke die ganze _____ geschafft.

B *Trage hier noch die übrigen Wörter ein: den **Wortstamm** in die Mitte!*

102 - STÜCK -

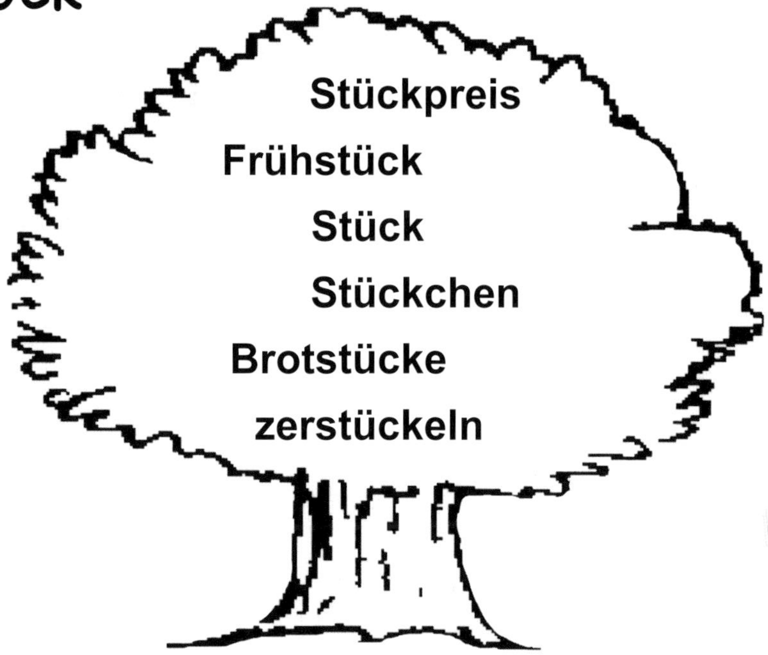

Stückpreis
Frühstück
Stück
Stückchen
Brotstücke
zerstückeln

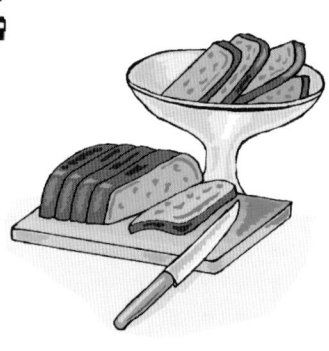

A Schreibe die passenden Wortformen in den Text!

Die erste Mahlzeit nennt man _____, so dass die letzte „Spätstück" heißen könnte. Nur sagt das wohl kein Mensch. Aber oft nennt man das Abendessen ja auch „Abendbrot". Damit klärt sich die Sache auf: Am Abend isst man Brot, dies ist das Abendbrot. Wenn in der Frühe ein _____ Brot gegessen wird, ist das ein Frühstück. Der Ausdruck stammt aus einer Zeit, als Suppe oft nicht mit Löffeln gegessen wurde: Man nahm einfach _____ und tunkte sie hinein.

B Trage hier noch die übrigen Wörter ein: den **Wortstamm** in die Mitte!

103 - Süß -

Süßes
Süßstoff
versüßen
Süßigkeiten
zuckersüß
süßlich

A Schreibe die passenden Wortformen in den Text!

Nicht nur Menschen, sondern auch viele Tiere mögen gerne etwas _____. Zum Beispiel versuchen Bären, an den Honig in Bienenstöcken zu gelangen. Und Pferde lassen sich gerne mit einem Stück Zucker belohnen. Aber für Tiere wie Menschen ist es sicher nicht gesund, viele _____ zu essen. Zahnärzte raten, dass man sich danach wenigstens die Zähne putzt. Statt Zucker tun manche Leute auch lieber _____ in ihren Tee oder Kaffee.

B Trage hier noch die übrigen Wörter ein: den **Wortstamm** in die Mitte!

Seite 111

104 - TAUSCH -

täuschen
tauschten
vertauscht
Tausch
enttäuscht
umtauschen

A Schreibe die passenden Wortformen in den Text!

Lars traf sich am Nachmittag mit einigen Freunden. Sie _____ wieder mal ihre Spielkarten. Lars fehlte leider eine Karte, die besonders selten war. Bastian hatte so eine und wollte sie auch tauschen. Aber um sie zu bekommen, musste Lars zehn andere Karten hergeben. Strahlend kam er nach Hause. Doch sein Bruder meinte dazu: „Das war wohl kein guter_____." Lars war jetzt ziemlich_____, aber er versuchte, es sich nicht anmerken zu lassen.

B Trage hier noch die übrigen Wörter ein: den **Wortstamm** in die Mitte!

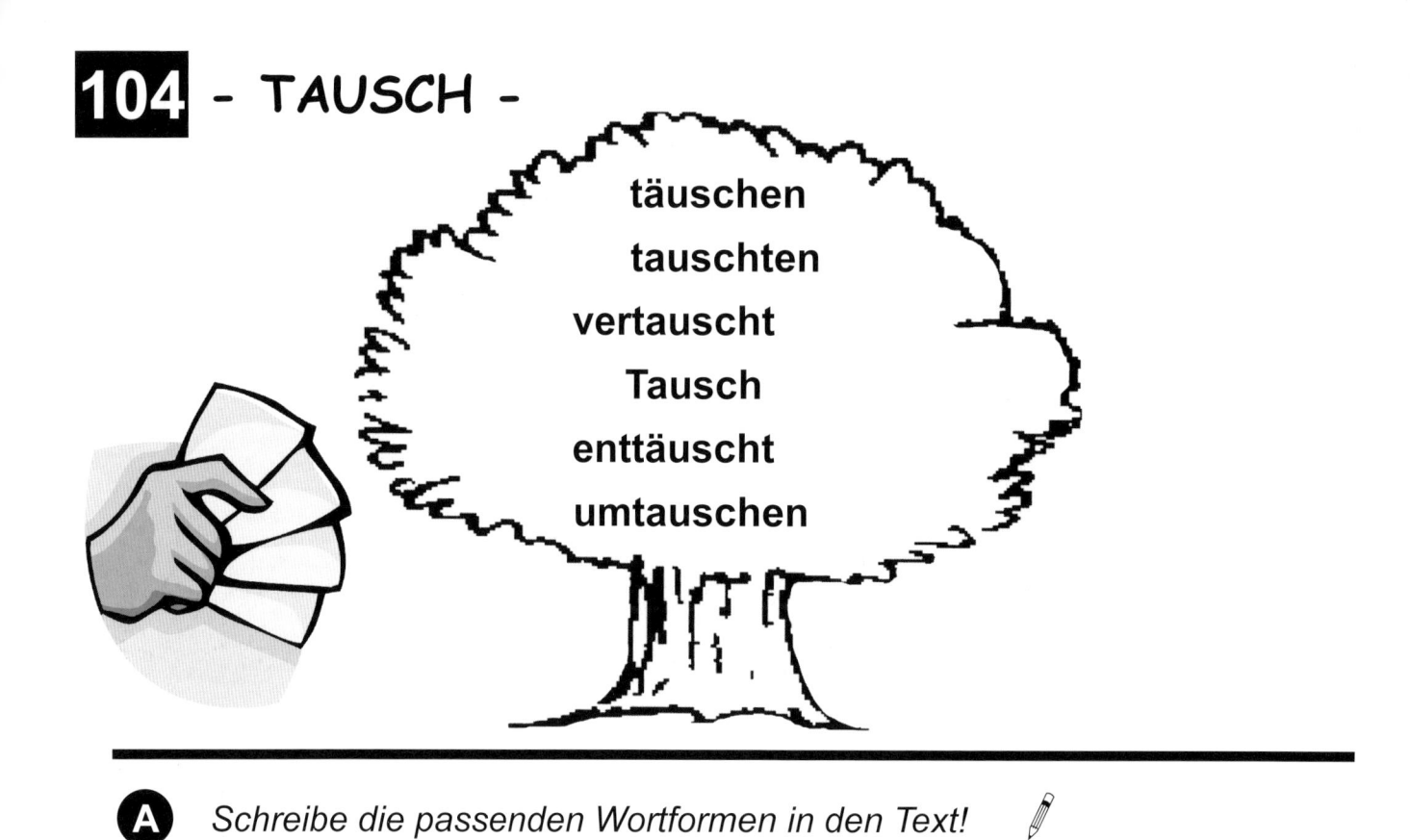

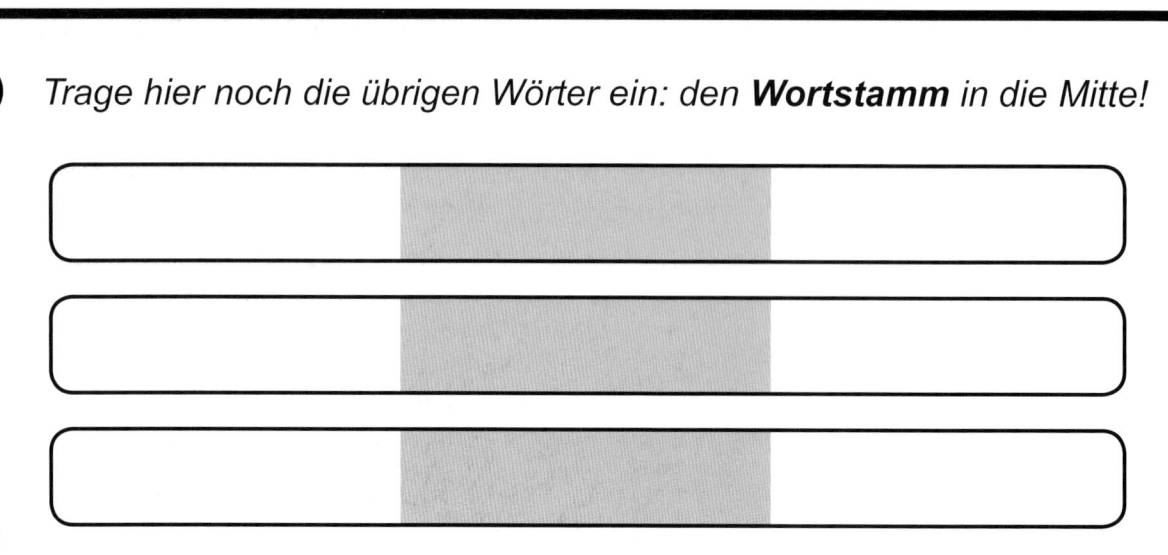

105 - TIEF -

Tiefbau
vertiefen
Wassertiefe
Tiefkühltruhe
tiefgefroren
tief

A Schreibe die passenden Wortformen in den Text!

Wenn man sich aufmerksam im Garten umsieht, entdeckt man vielleicht wilde Erdbeeren: Sie ranken ganz dicht am Boden, und die Früchte findet man nur, wenn man sich _____ bückt. Es sind winzige Beeren, kaum größer als Rosinen, aber sie schmecken herrlich. Alle Arten von Erdbeeren werden schnell schlecht. Nur _____ kann man sie länger aufbewahren. In der _____ halten sie sich immerhin einige Monate.

B Trage hier noch die übrigen Wörter ein: den **Wortstamm** in die Mitte!

106 - TIER -

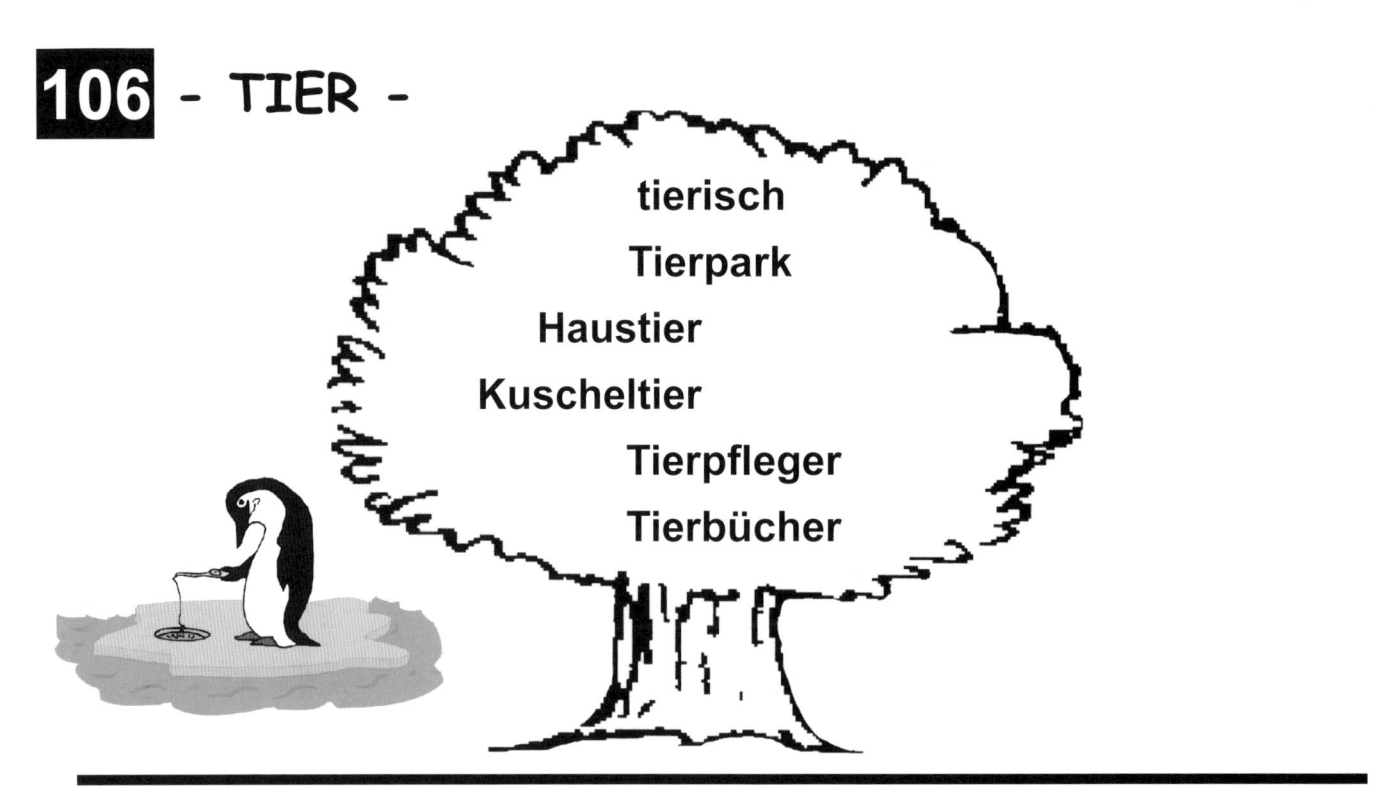

tierisch
Tierpark
Haustier
Kuscheltier
Tierpfleger
Tierbücher

A *Schreibe die passenden Wortformen in den Text!*

Wenn es um Tiere geht, kann man Hendrik fragen. Hier kennt er sich bestens aus oder er sieht in einem der vielen _____ nach, die er inzwischen besitzt. Kaum sind sie im _____ gewesen, da fragt er schon die Eltern, wann sie wieder hinfahren. Genauso interessiert er sich für die alltäglichen Tiere, etwa Kaninchen, Mäuse und Spinnen. Vielleicht wird er mal _____. Denn ein Beruf, der mit Tieren zu tun hat, wird es wahrscheinlich sein.

B *Trage hier noch die übrigen Wörter ein: den **Wortstamm** in die Mitte!*

Seite 114

107 - TRAG -

vertragen
Auftrag
unerträglich
tragen
Eintragung
Träger

A Schreibe die passenden Wortformen in den Text!

In der Klasse war es _____ laut. Torsten und Klaus hatten sich gestritten und gingen wütend mit Fäusten aufeinander los. Die anderen Schüler standen dabei und grölten. Keiner bemerkte, dass ihre Lehrerin hineingekommen war. Frau Laumann gelang es, die beiden Jungen zu beruhigen, und bald hatten sie sich wieder _____. Dennoch bekamen beide eine _____ ins Klassenbuch. Auch die Eltern wurden über den Vorfall unterrichtet.

B Trage hier noch die übrigen Wörter ein: den **Wortstamm** in die Mitte!

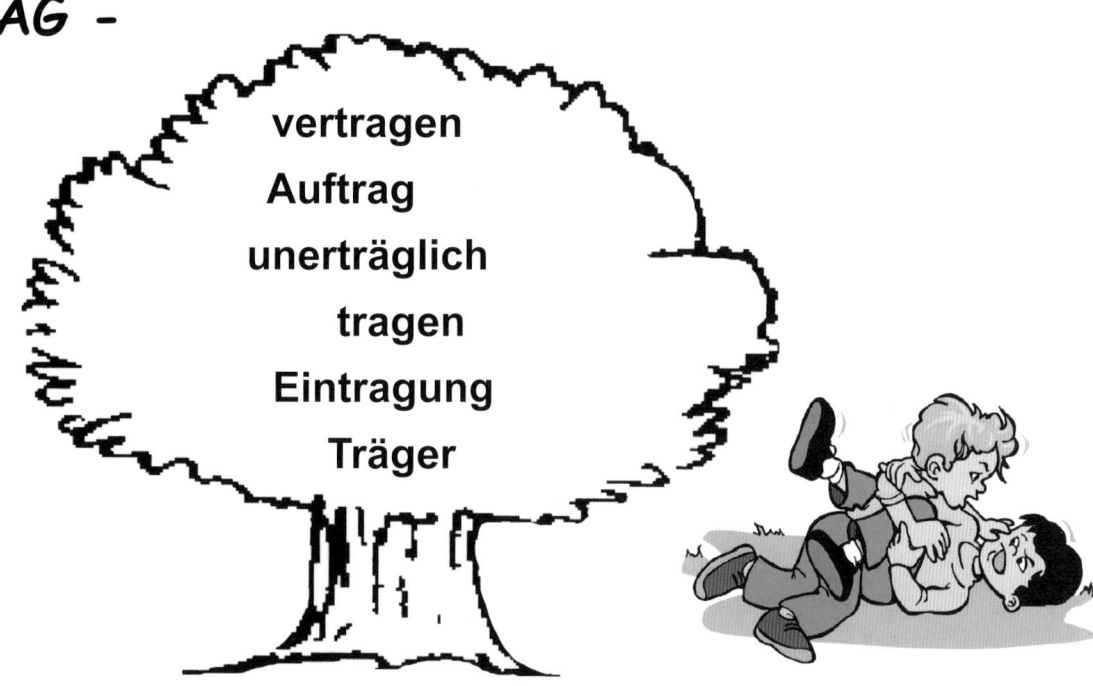

108 - TRAUM -

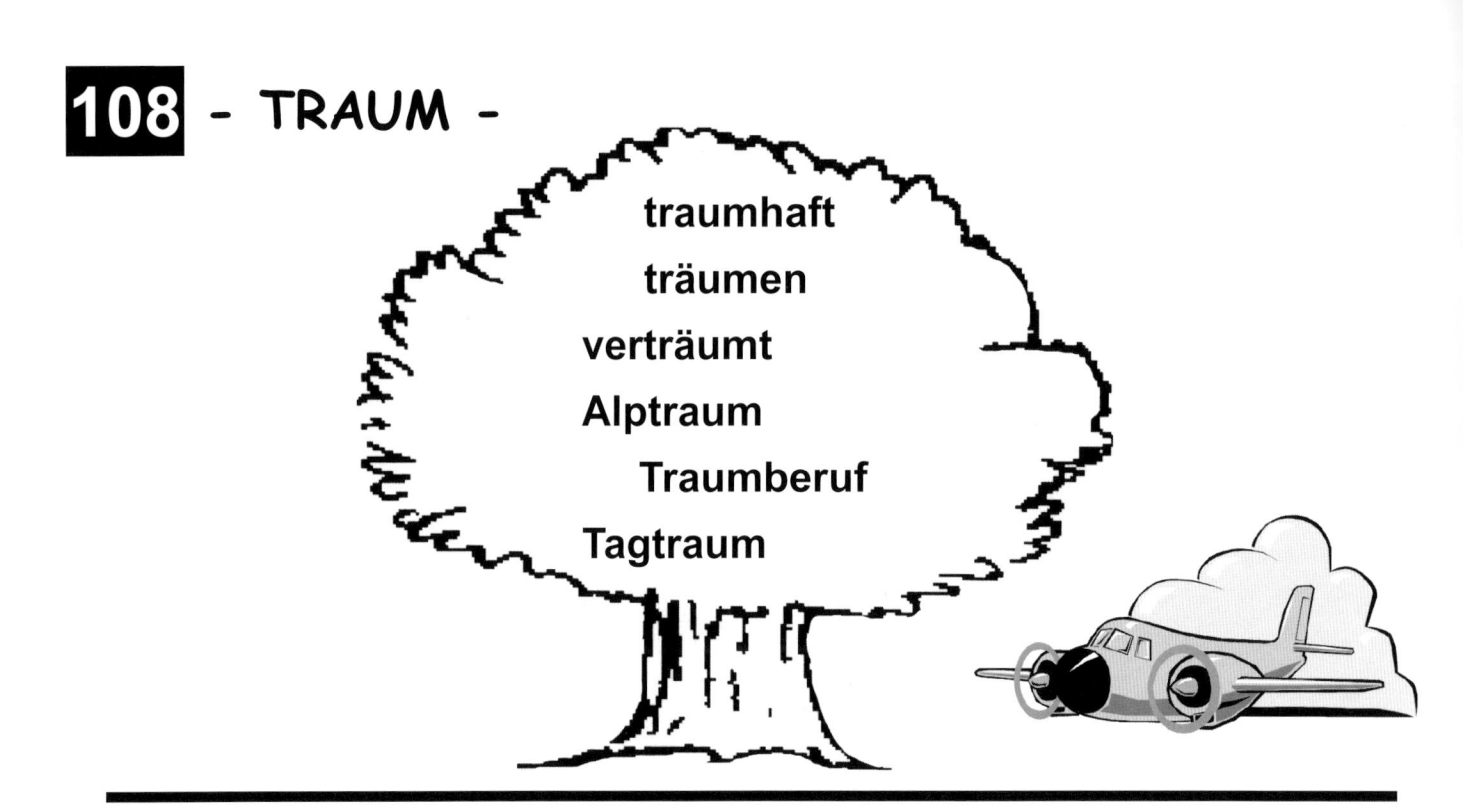

traumhaft
träumen
verträumt
Alptraum
Traumberuf
Tagtraum

A *Schreibe die passenden Wortformen in den Text!*

Die anderen wundern sich manchmal über Michael. Er wirkt _____, wenn er länger aus dem Fenster sieht: Er findet es nämlich _____ schön, den Wolken nachzuschauen. Er stellt sich dann vor, dass er in einem Flugzeug sitzt, emporsteigt und über den Wolken kreist. In einer viersitzigen Maschine hat er schon mal einen kurzen Rundflug mitgemacht. Seitdem wünscht sich Michael so sehr, eines Tages mal Pilot zu werden. Ja, das ist wirklich sein _____.

B *Trage hier noch die übrigen Wörter ein: den **Wortstamm** in die Mitte!*

109 - TREFF -

treffen ein
Treffpunkt
Treffer
treffsicher
übertreffen
antreffen

A *Schreibe die passenden Wortformen in den Text!*

Als Niko den vereinbarten _____
erreicht, ist niemand da. Hat er etwas falsch verstanden
oder vergessen? Nach und nach _____
aber auch die anderen ein. Gemeinsam ziehen sie los und
marschieren zu dem Wanderparkplatz. Dort beginnt ihre
Arbeit: Sie wollen nämlich all den Müll einsammeln, der
ringsumher im Wald liegt. So, wie es hier aussieht,
werden sie das Ergebnis vom letzten Jahr bestimmt noch
_____. Damals waren es 8 volle Säcke.

B *Trage hier noch die übrigen Wörter ein: den **Wortstamm** in die Mitte!*

110 - TRIEB -

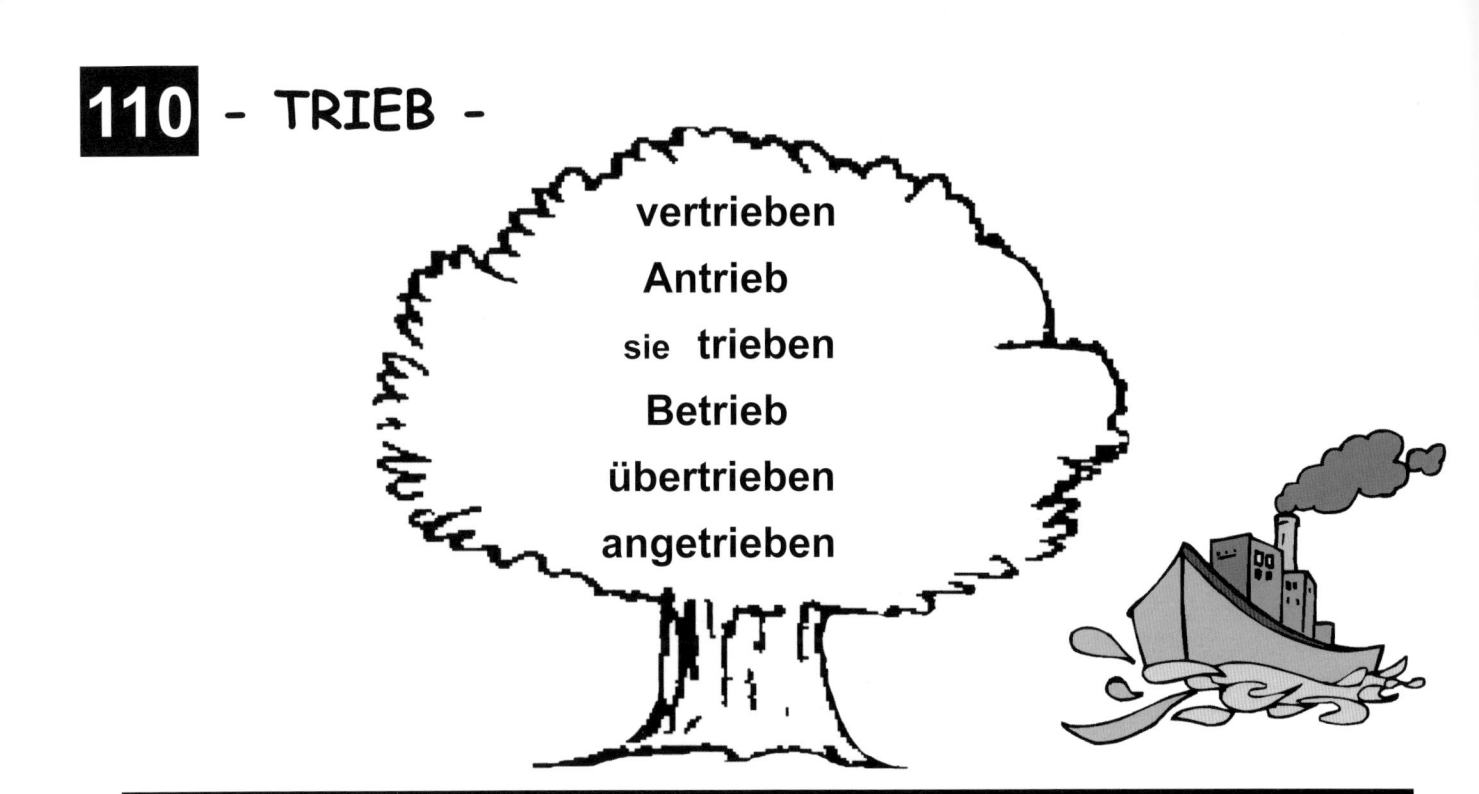

vertrieben
Antrieb
sie trieben
Betrieb
übertrieben
angetrieben

A Schreibe die passenden Wortformen in den Text!

Patrik und die anderen kamen zu dem See, wo schon viel _____ war: Einige sonnten sich oder planschten im Wasser, andere ließen ihre Schiffchen schwimmen. Auch Patrik setzte sein ferngesteuertes Boot ins Wasser. Es hatte die Mitte des Sees erreicht, als der _____ ausfiel. „Du brauchst nur abzuwarten, bis es am Ufer_____wird", meinte Sven. Aber sein Boot rührte sich überhaupt nicht. Da schwamm Nora hinaus und holte es ihm zurück.

B Trage hier noch die übrigen Wörter ein: den **Wortstamm** in die Mitte!

Seite 118

111 - VIEL -

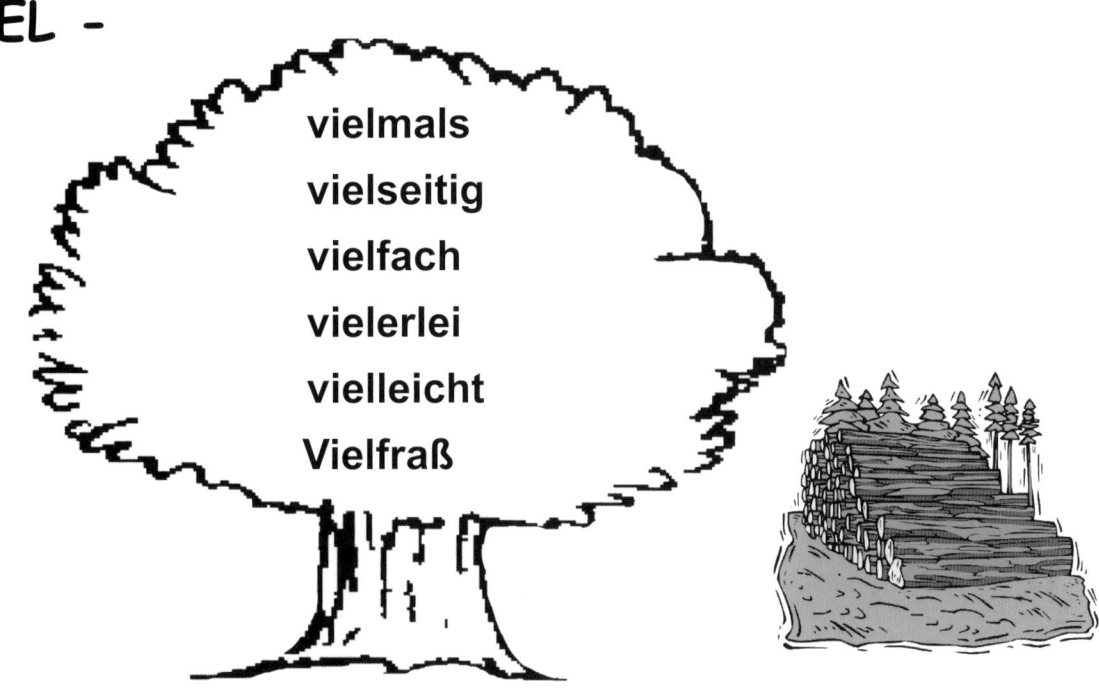

vielmals
vielseitig
vielfach
vielerlei
vielleicht
Vielfraß

A *Schreibe die passenden Wortformen in den Text!*

Boris möchte mal einen Beruf haben, der möglichst _____ ist. Zum Beispiel hat er daran gedacht, Förster zu werden, und er hat sich ein wenig informiert. So ist ihm nun klar, dass Förster keineswegs immer im Freien unterwegs sind. Sie müssen nämlich auch _____ im Büro erledigen und verbringen etliche Stunden am Schreibtisch. Boris denkt, dass noch andere Berufe für ihn in Frage kämen, Gartenbauer _____ oder auch Elektriker.

B *Trage hier noch die übrigen Wörter ein: den **Wortstamm** in die Mitte!*

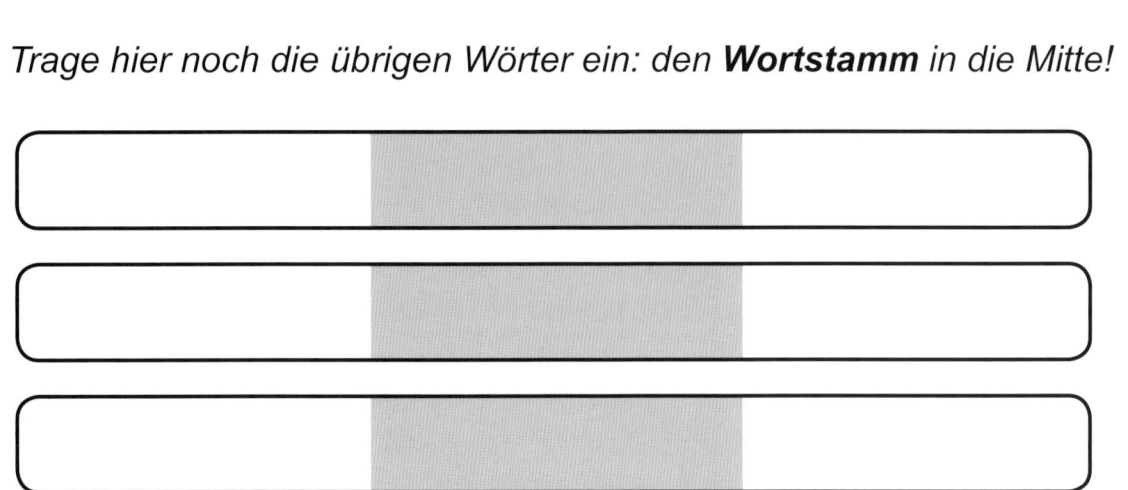

112 - VIER -

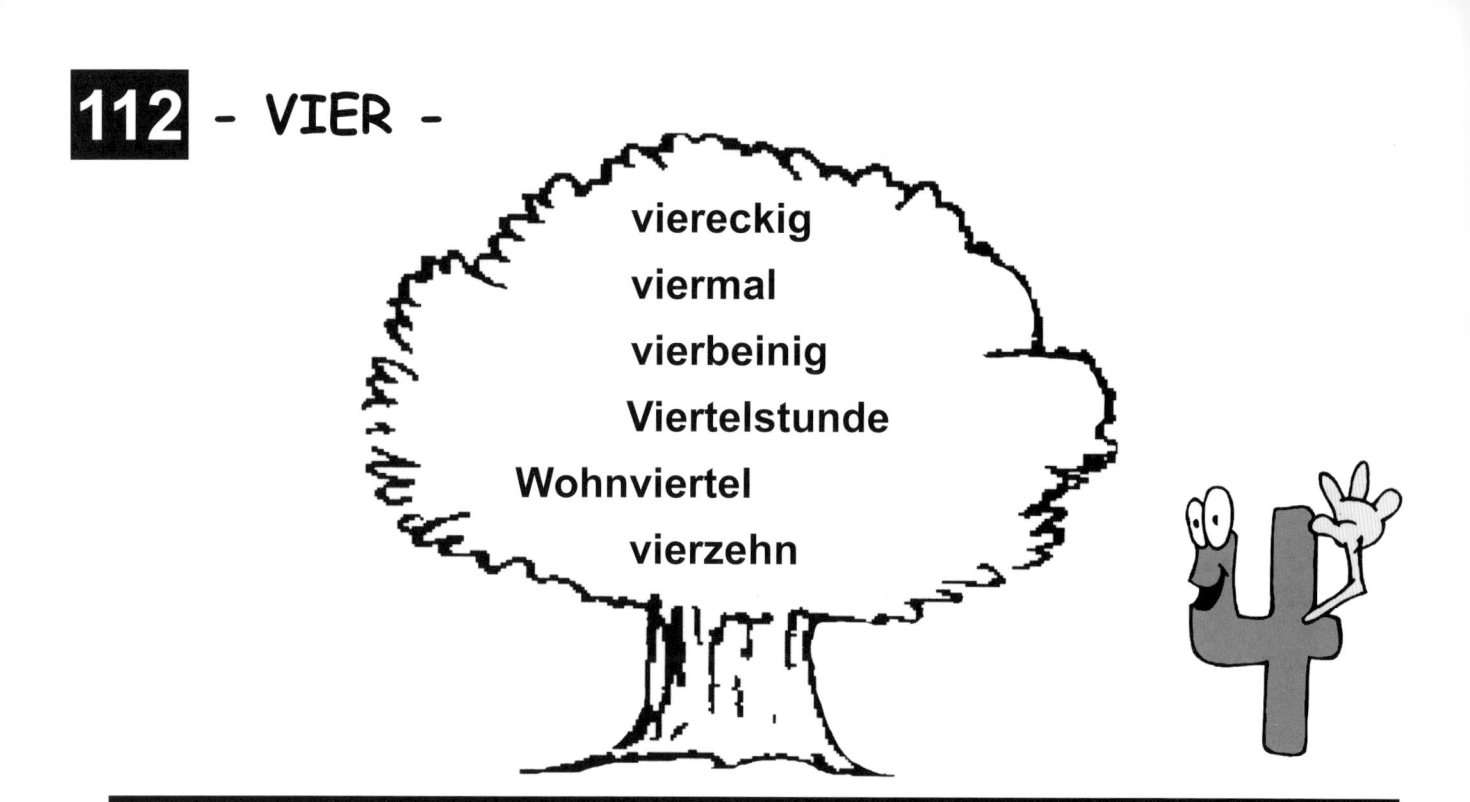

vireckig
viermal
vierbeinig
Viertelstunde
Wohnviertel
vierzehn

A *Schreibe die passenden Wortformen in den Text!*

Es lag an den Berufen der Eltern, dass die Familie schon _____ umgezogen war. An das erste Mal konnten sich Jana und Pino aber nicht erinnern. Nun lebten sie in einem _____, wo es ihnen richtig gut gefiel. Die Kinder hatten schnell Freunde gefunden und hofften, dass sie hier nicht wieder wegziehen müssten. Die Schule und ein Schwimmbad waren ganz in der Nähe, und auch die Ortsmitte konnten sie in einer _____ zu Fuß erreichen.

B *Trage hier noch die übrigen Wörter ein: den **Wortstamm** in die Mitte!*

113 - WAHL -

gewählt
wählerisch
Wahl
Auswahl
wählen
abwählen

A *Schreibe die passenden Wortformen in den Text!*

Susanne und Philipp hatten ihre Sache als Klassensprecher sehr gut gemacht. Darum wollten die meisten sie auch für das neue Schuljahr_____. Doch beide sagten nein: Sie fänden es besser, wenn auch andere mal drankämen. Viele Mitschüler redeten auf die beiden ein, aber sie ließen sich nicht umstimmen. Danach stellten sich Nils, Jennifer und Tanja zur_____. In einer geheimen Abstimmung wurden schließlich Nils und Tanja als neue Klassensprecher_____.

B *Trage hier noch die übrigen Wörter ein: den **Wortstamm** in die Mitte!*

114 - WEIS -

Ausweis
beweisen
Beweis
nachweisbar
dummerweise
vorweisen

A *Schreibe die passenden Wortformen in den Text!*

Robins neuer Füller war nicht in Ordnung: Mal kam gar keine Tinte, dann kam zu viel. Robin wollte ihn umtauschen, doch _____ konnte er den Kassenzettel nicht finden. Trotzdem ging er in das Geschäft und erklärte die Sache. Der Verkäufer aber sagte: „Du musst schon irgendwie _____, dass der Füller hier gekauft wurde." Zum Glück kam gerade die Verkäuferin herein, die ihn bedient hatte. Sie erinnerte sich noch an ihn. Das reichte als _____.

B *Trage hier noch die übrigen Wörter ein: den **Wortstamm** in die Mitte!*

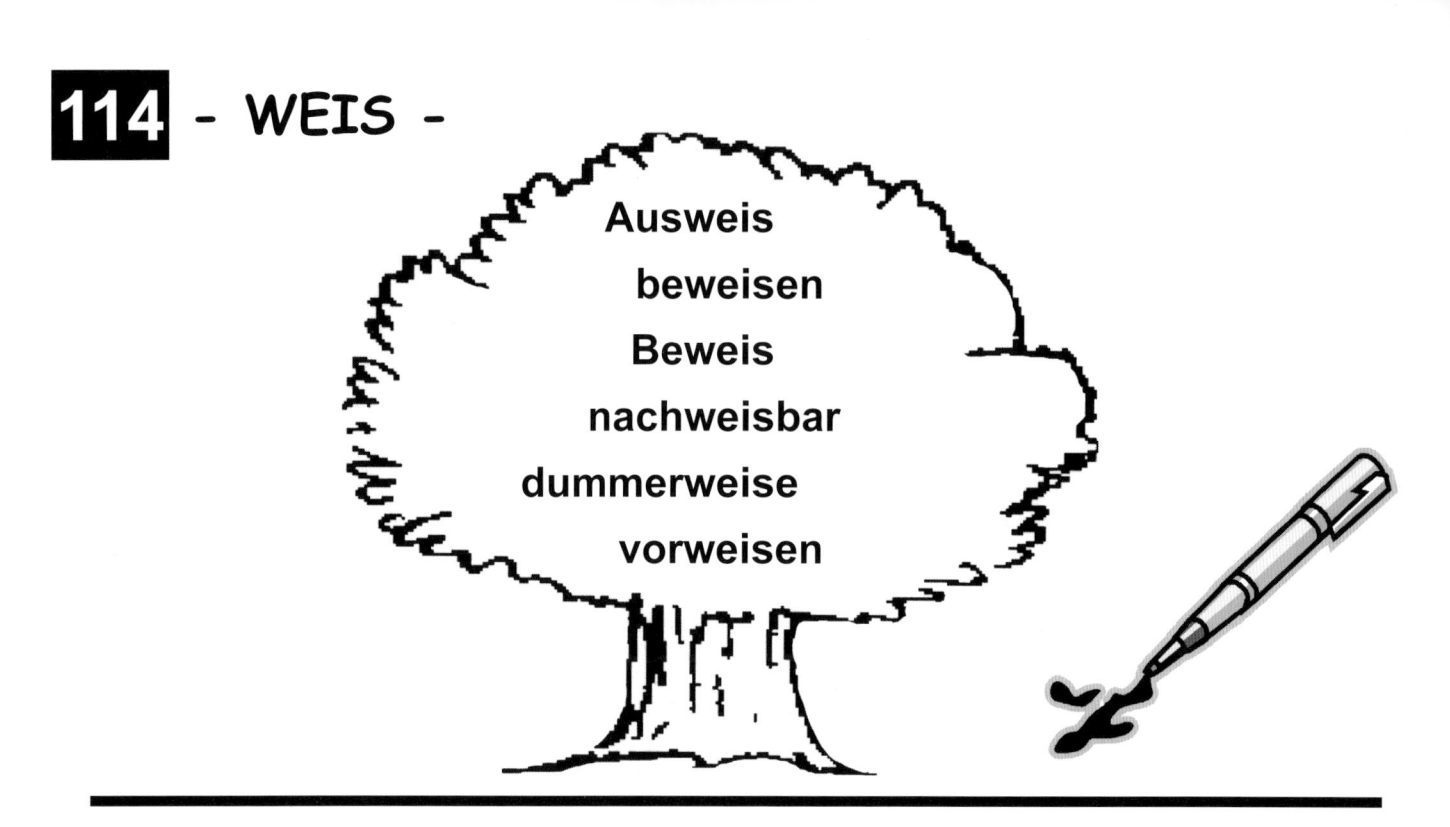

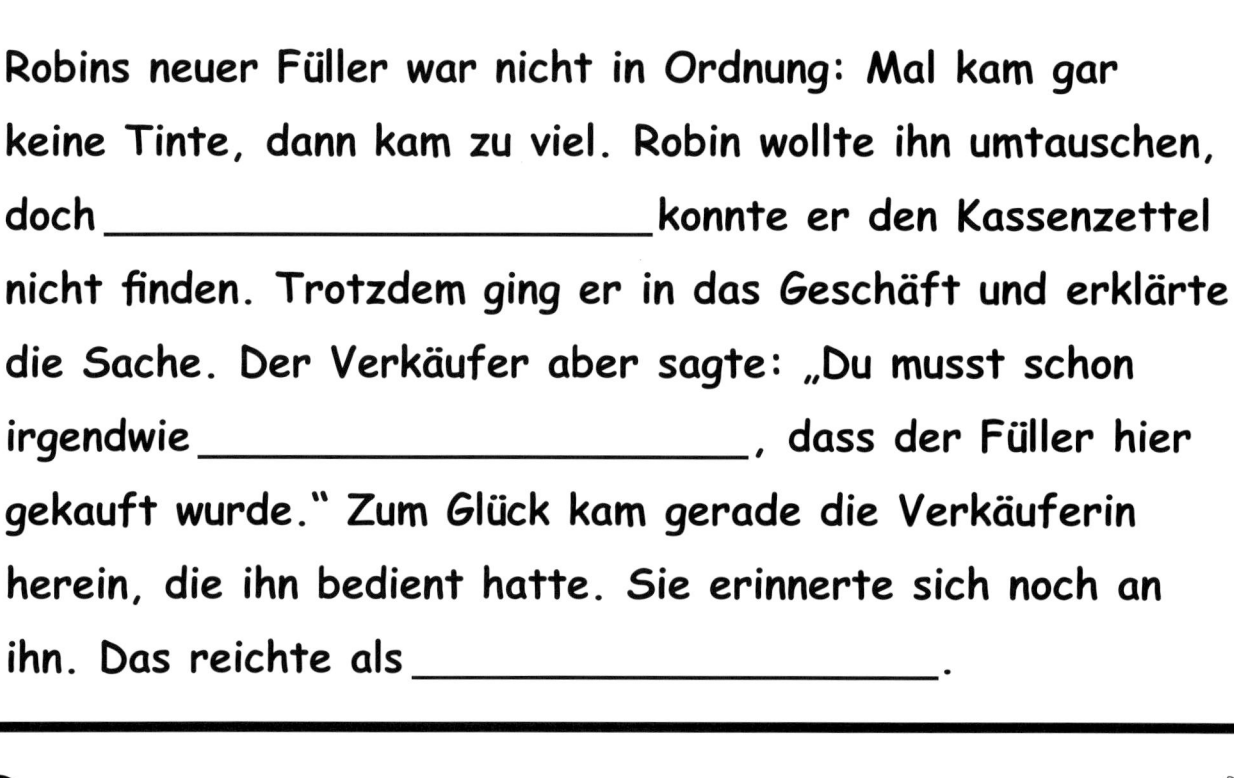

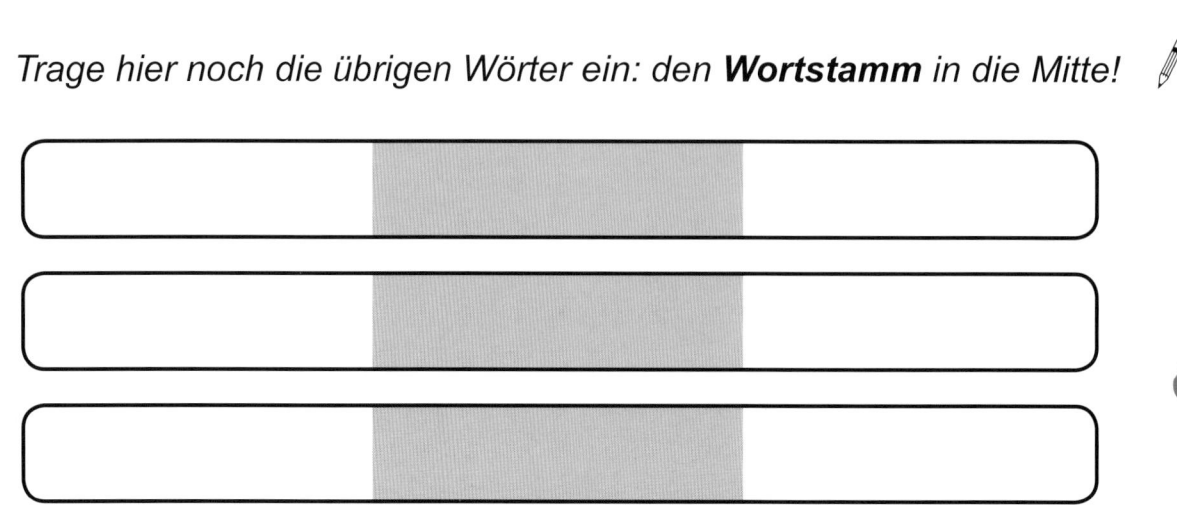

115 - Weiß -

Weißkohl
hellweiß
Weißkraut
Eiweiß
weißhaarig
weißen

A *Schreibe die passenden Wortformen in den Text!*

Nicht nur Paprika gibt es in mehreren Farben, sondern auch verschiedene Kohlarten: Da sind der Grünkohl, der _____ und der Rotkohl, welcher auch Blaukraut genannt wird. Der dunkelgrüne Broccoli ist mit dem Blumenkohl verwandt, dessen Farbe _____ ist. An manchen Namen erkennt man nicht, dass es um Kohlarten geht, etwa beim Wirsing. Und wenn jemand von „_____" spricht, meint er damit Weißkohl. Dieser wird oft zu Sauerkraut verarbeitet.

B *Trage hier noch die übrigen Wörter ein: den **Wortstamm** in die Mitte!*

116 - WISS -

Gewissen
wissen
Gewissheit
Wissenschaft
gewiss
ungewiss

A Schreibe die passenden Wortformen in den Text!

Seit Urzeiten beobachten Menschen den Himmel, und so ist die Astronomie eine alte _____. Sehr lange waren Fernrohre die einzigen Hilfsmittel. Inzwischen kann man auch Strahlen messen und Raumsonden auf die Reise schicken. Nun _____ wir schon einiges mehr über das Weltall. Im Jahre 2003 landete sogar ein Roboter auf dem Mars, der Bodenproben untersuchte. So wird es _____ noch viele erstaunliche Entdeckungen geben.

B Trage hier noch die übrigen Wörter ein: den **Wortstamm** in die Mitte!

117 - WOHN -

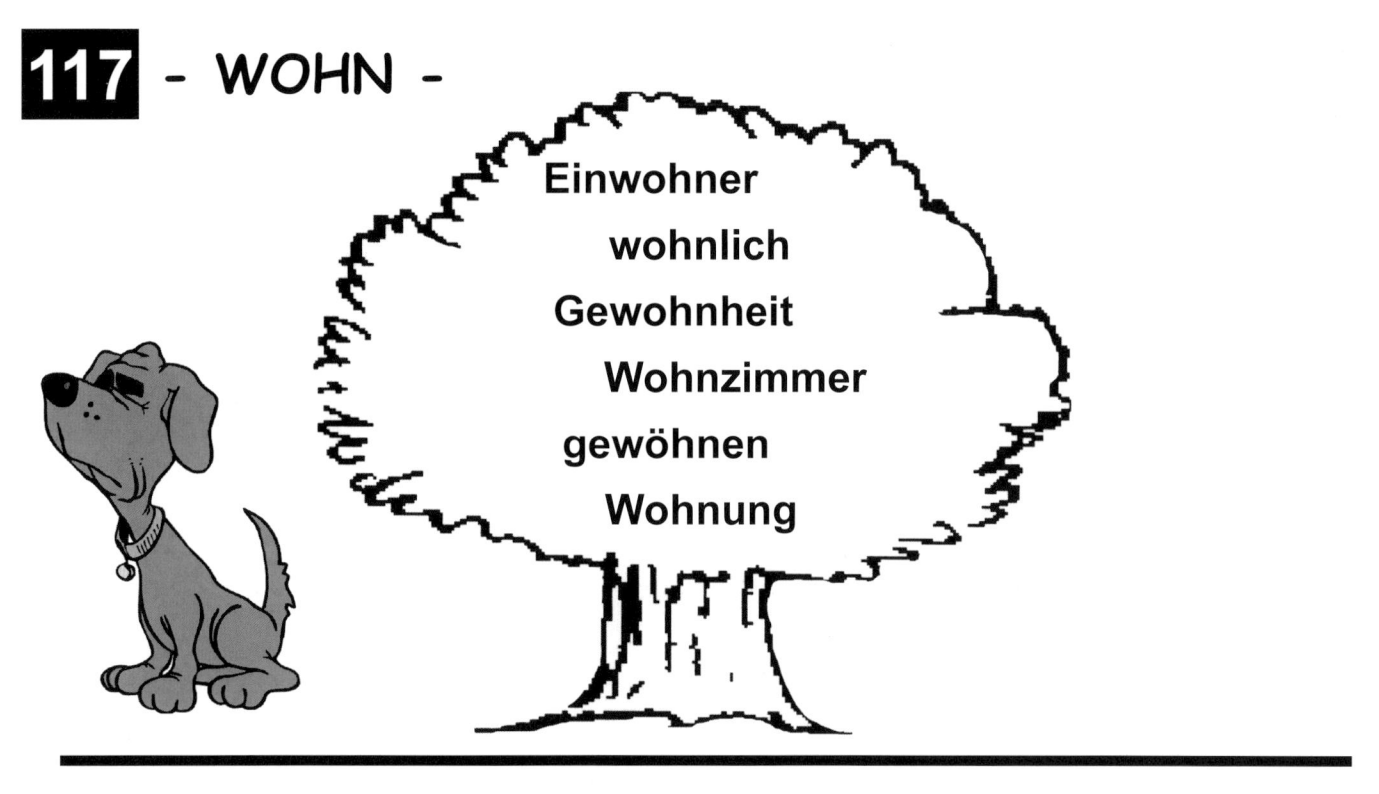

Einwohner
wohnlich
Gewohnheit
Wohnzimmer
gewöhnen
Wohnung

A Schreibe die passenden Wortformen in den Text!

Nach vielen Monaten Suche hat Familie Nagel eine neue _____ gefunden. Vor allem die Kinder haben hier mehr Platz. Lisa ist mit dem Einrichten ihres Zimmers fast fertig: Es sieht schon richtig _____ aus. Lukas überlegt noch hin und her, wo er seine Bücher, CDs und Spiele unterbringen soll. Das Meerschweinchen Trudi fühlt sich schon wohl hier. Nur der Hund Schnuffi mag die neue Wohnung offenbar nicht: Er muss sich wohl noch an die andere Umgebung _____.

B Trage hier noch die übrigen Wörter ein: den **Wortstamm** in die Mitte!

118 - ZEIG -

Uhrzeiger
zeigt
Zeigestock
vorzeigen
Anzeige
Zeigefinger

A Schreibe die passenden Wortformen in den Text!

Herr Becker hat durch eine _____ in der Zeitung von dem Flohmarkt erfahren. Sie sind am Nachmittag zu viert hingefahren. Nun stöbern sie zwischen den alten Sachen herum. Sascha hat etwas Besonderes entdeckt: Er ruft seine Eltern und _____ auf eine reich verzierte Standuhr. Sie sehen sich die Uhr genauer an. Leider ist ein _____ beschädigt. „Den kann man austauschen", sagt der Anbieter. Aber sie kaufen schließlich gar nichts.

B Trage hier noch die übrigen Wörter ein: den **Wortstamm** in die Mitte!

119 - ZIEH -

beziehen
Tauziehen
umziehen
ziehen
zieht
Erziehung

A *Schreibe die passenden Wortformen in den Text!*

Das _____ ist ein sehr altes Spiel für zwei Gruppen. Ihre Größe ist nicht so wichtig, nur sollten beide Mannschaften etwa gleich kräftig sein. Am besten ist ein Gelände mit weichem Boden, damit die Füße besser Halt finden. Und man braucht ein dickes Seil, weil ein dünnes in die Hände schneidet. Nach dem Startzeichen _____ jede Mannschaft mit aller Kraft an dem Seil. Das Ziel ist, die andere Gruppe zu Fall zu bringen oder über die Mittellinie zu _____.

B *Trage hier noch die übrigen Wörter ein: den **Wortstamm** in die Mitte!*

120 - ZIEL -

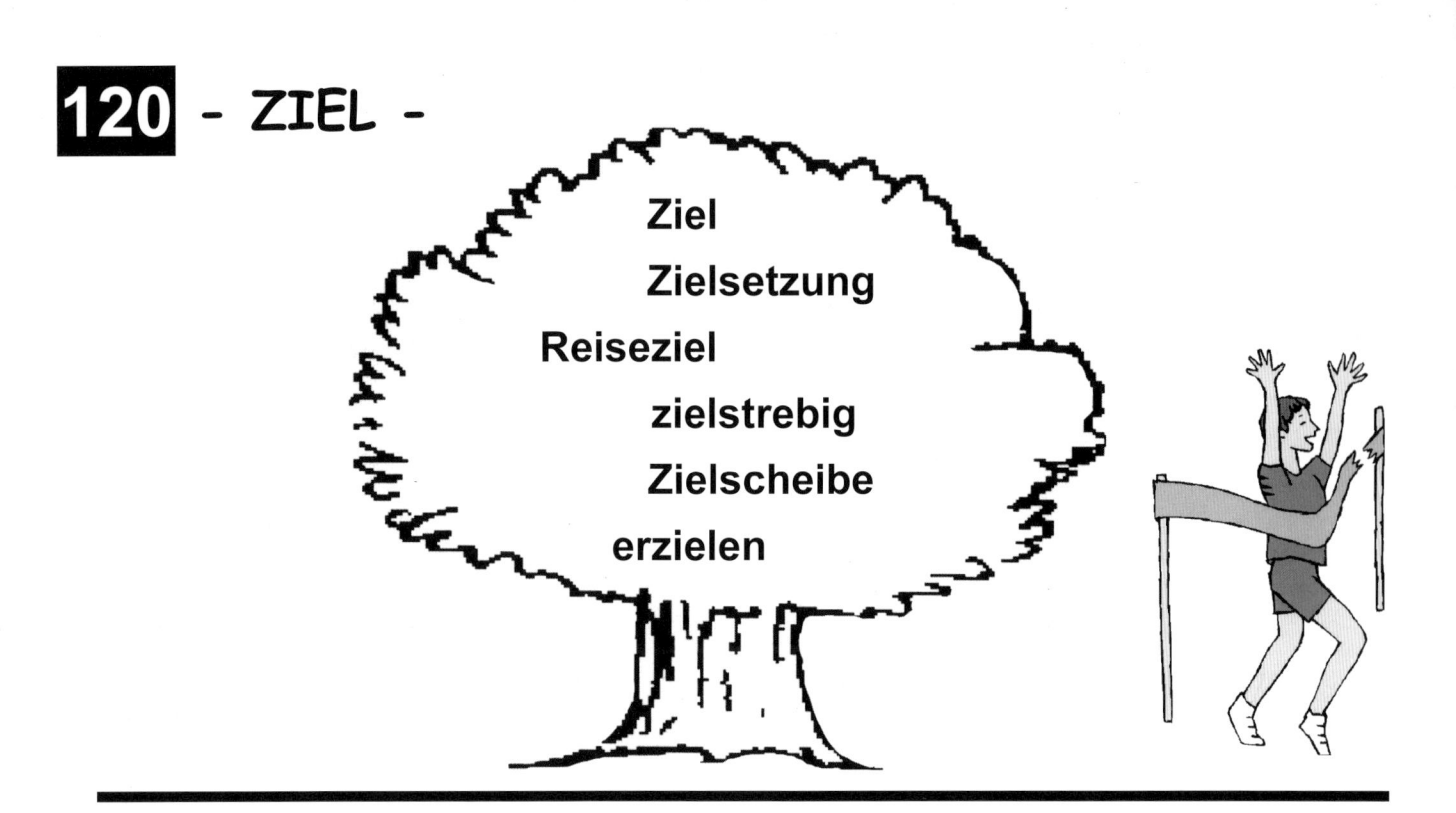

Ziel
Zielsetzung
Reiseziel
zielstrebig
Zielscheibe
erzielen

A *Schreibe die passenden Wortformen in den Text!*

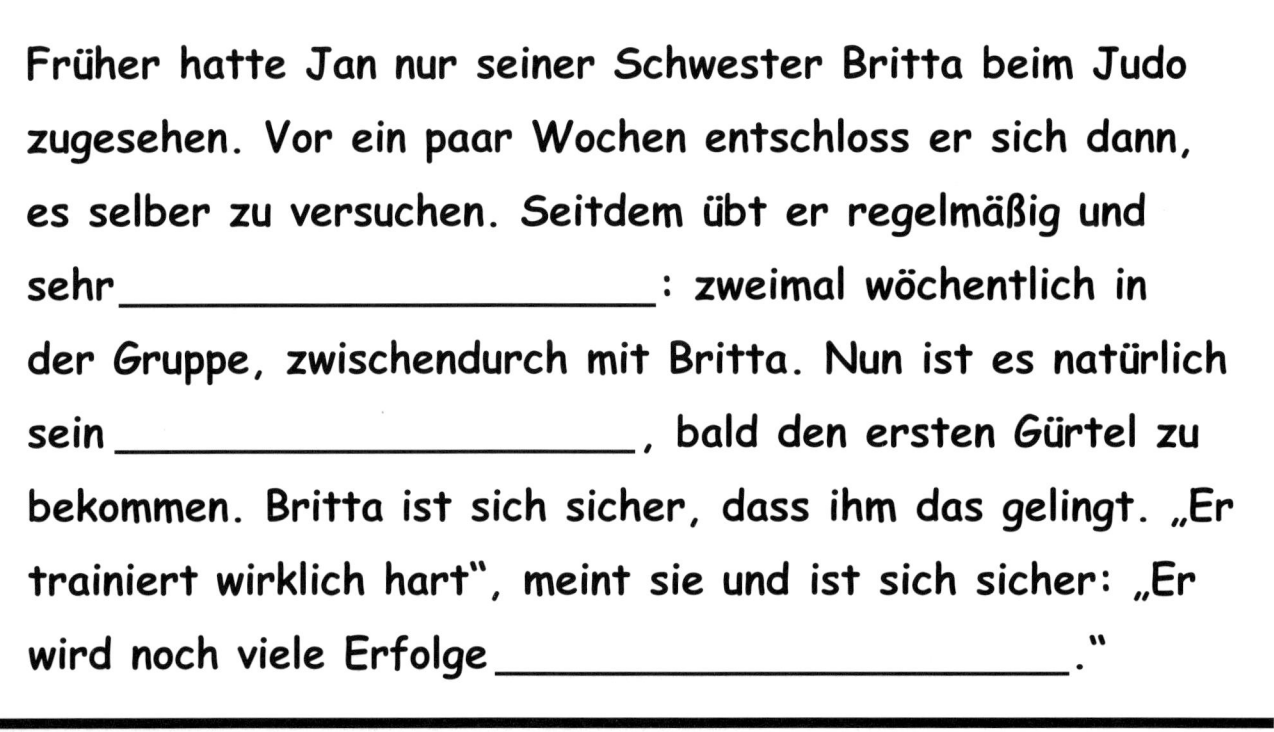

Früher hatte Jan nur seiner Schwester Britta beim Judo zugesehen. Vor ein paar Wochen entschloss er sich dann, es selber zu versuchen. Seitdem übt er regelmäßig und sehr _____: zweimal wöchentlich in der Gruppe, zwischendurch mit Britta. Nun ist es natürlich sein _____, bald den ersten Gürtel zu bekommen. Britta ist sich sicher, dass ihm das gelingt. „Er trainiert wirklich hart", meint sie und ist sich sicher: „Er wird noch viele Erfolge _____."

B *Trage hier noch die übrigen Wörter ein: den **Wortstamm** in die Mitte!*